名家谈读书

主编　许建峰
副主编　刘建军　王婧

西北大学出版社
·西安·

图书在版编目(CIP)数据

名家谈读书 / 许建峰主编.—西安:西北大学出版社,2023.11

ISBN 978-7-5604-5182-4

Ⅰ.①名… Ⅱ.①许… Ⅲ.①读书方法 Ⅳ.①G792

中国版本图书馆 CIP 数据核字(2023)第 132880 号

名家谈读书

MING JIA TAN DU SHU 许建峰 主编

出版发行 西北大学出版社
地　　址 西安市太白北路 229 号　　邮　　编 710069
网　　址 http://nwupress. nwu. edu. cn　　**E - mail** xdpress@ nwu. edu. cn
电　　话 029-88303059
经　　销 全国新华书店
印　　装 陕西奇彩印务有限责任公司
开　　本 787 毫米×1092 毫米 1/16
印　　张 11. 5
字　　数 237 千字
版　　次 2023 年 11 月第 1 版 2023 年 11 月第 1 次印刷
书　　号 ISBN 978-7-5604-5182-4
定　　价 45. 00 元

如有印装质量问题,请与本社联系调换,电话 029-88302966。

·自序·人生至味是读书

世界上有四种声音最美:水声、鸟声、乐声、书声。其中尤以书声为甚,琅琅的书声,无论何时何地,都是读者与作者灵魂契合的回响。

书,除了可以创造世界上最美的声音,还是我们的老师、朋友和医生。

作为老师,书可以使我们增长知识,开阔视野,充实自己。形形色色、包罗万象的书,正如各种不同学科的课本,让我们识文断字,了解世界,丰富学养。读许慎《说文解字》,可知汉字精妙;诵程允升《幼学琼林》,可识天文地理;观王力《中国古代文化常识》,可晓乐律职官;览李旻《细说故宫》,可窥故宫奥秘……

作为朋友,书可以让我们随时拜访,真诚交流,激励自己。只要你愿意,不需要预约,不担心拒绝,没有尊卑,没有拘谨,随时随地,你可以手捧一本自己想读的书,走进你和书的世界,静静享受一段属于你们的时光:这是一种孤独的幸福,这是一种理智的休憩,这是一种智慧的积淀,这是一种更好的出发。老子、孔子、海伦·凯勒、海明威、路遥、史铁生……你读的愈多,内心就愈会升腾起一个强烈而又反复的叩问:有生之年,我难道就这样平庸地度过吗?有生之年,我能不能争取做更多更好的事情呢?

书,是灵魂的化妆品;书,是生命的加油站;书,是事业的发动机;书让你成为最好的自己。朋友,请你相信,这个世界上没有比书更可靠的朋友了。

作为医生,书可以教我们诊断心理,治愈伤痛,完善自己。一本好书,特别是心理学、教育学或者是与自己兴趣、专业相关的书,会让你在迷茫时醒悟,在犯错时自责,在成功时谨慎,在绝望时崛起,在笑声中告别痛苦,在泪光中拥抱幸福……

书,是如此重要,我们怎能不读书!

为了让更多的人喜欢读书，学会读书，了解和认识读书的深远意义，我选编了这本《名家谈读书》。本书精选了几十位中外名家关于读书的真知灼见，回答了困扰许多读者的诸如为什么读书、读什么书以及怎么读书等问题，是一部关于读书的兴趣之作、方法之作和意义之作，是每一位读书爱好者的案头之作。

2017 年 11 月 12 日初稿

2023 年 2 月 3 日改就

目录 CONTENTS

第一编

第二编

第 一 编

我的读书经验

蔡元培

我自十余岁起，就开始读书，读到现在，将满六十年了，中间除大病或其他特别原因外，几乎没有一日不读点书的，然而我也没有什么成就，这是读书不得法的缘故。我把不得法的概略写出来，可以为前车之鉴。

我的不得法，第一是不能专心。我初读书的时候，读的都是旧书，不外乎考据、辞章两类。我的嗜好，在考据方面，是偏于诂训及哲理的，对于典章名物，是不大耐烦的；在辞章上，是偏于散文的，对于骈文及诗词，是不大热心的。然而以一物不知为耻，种种都读，并且算学书也读，医学书也读，都没有读通。所以我曾经想编一部《说文声系义证》，又想编一本《公羊春秋大义》，都没有成书，所为文辞，不但骈文诗词，没有一首可存的，就是散文也太平凡了。到了四十岁以后我始学德文，后来又学法文，我都没有好好儿做那记生字、练文法的苦工，而就是生吞活剥看书，所以至今不能写一篇合格的文章，做一回短期的演说。在德国进大学听讲以后，哲学史、文学史、文明史、心理学、美学、美术史、民族学统统去听，那时候这几类的参考书，也就乱读起来了。后来虽勉自收缩，以美学与美术史为主，辅以民族学，然而他类的书终不能割爱，所以想译一本美学，想编一部比较的民族学，也都没有成书。

我的不得法，第二是不能动笔。我的读书，本来抱一种利己主义，就是书里面的短处，我不大去搜寻它，我正注意于我所认为有用的或可爱的材料。这本来不算坏，但是我的坏处，就是我虽读的时候注意于这几点，但往往为速读起见，无暇把这几点摘抄出来，或在书上做一点特别的记号，若是有时候想起来，除了德文书检目特详，尚易检寻外，其他的书，几乎不容易寻到了。我国现虽有人编“索引”“引得”等等，专门的辞典，也逐渐增加，寻检自然较易，但各人有各自的注意点，普通的检目，断不能如自己记别的方便。我尝见胡适之先生有一个时期，出门时常常携一两本线装书，在舟车上或其他忙里偷闲时翻阅，见到有用的材料，就折角或以铅笔作记号。我想他回家后或者尚有摘抄的手续。我记得有一部笔记，说王渔洋读书时，遇有新隽的典故或词句，就用纸条抄出，贴在书斋壁上，时时览读，熟了就揭去，换上新得的，所以他记得很多。这虽是文学上的把戏，但科学上何尝不可以仿作呢？我因从来懒得动笔，所以没有成就。

我的读书的短处，我已经经验了许多的不方便，特地写出来，望读者鉴于我的短处，第一能专心，第二能动笔，这一定有许多成效。

（《名家读书箴言》青岛出版社，2014年第1版）

读书是一种训练

朱光潜

十几年前我曾经写过一篇短文谈读书，这问题实在是谈不尽，而且这些年来我的见解也有些变迁，现在再就这问题谈一回，趁便把上次谈学问有未尽的话略加补充。

学问不只是读书，而读书究竟是学问的一个重要途径。因为学问不仅是个人的事，而是全人类的事，每科学问到了现在的阶段，是全人类分工努力日积月累所得到的成就，而这成就还没有湮没，就全靠有书籍记载流传下来。书籍是过去人类的精神遗产的宝库，也可以说是人类文化学术前进轨迹上的里程碑。我们就现阶段的文化学术求前进，必定根据过去人类已得到成就做出发点。如果抹煞过去人类已得的成就，我们说不定要把出发点移回到几百年甚至几千年前，纵然能前进，也还是开倒车落伍。读书是要清算过去人类成就的总账，把几千年的人类思想经验在短促的几十年内重温一遍，把过去无数亿万人辛苦获来的知识教训，集中到读者一个人身上去受用。有了这种准备，一个人才能在学问途程上作万里长征，去发现新的世界。

历史愈前进，人类的精神遗产愈丰富，书籍愈浩繁，而读书也就愈不易。书籍固然可贵，却也是一种累，可以变成研究学问的障碍。它至少有两大流弊。第一，书多易使读书不专精。我国古代学者因书籍难得，皓首穷年才能治一经，书虽读得少，读一部却就是一部，口诵心惟，嘴嚼得烂熟，透入身心，变成一种精神的原动力，一生受用不尽。现在书籍易得，一个青年学者就可夸口曾过目万卷，"过目"的虽多，"留心"的却少，譬如饮食，不消化的东西积得愈多，愈易酿成肠胃病，许多浮浅虚骄的习气都由耳食肤受所养成。其次，书多易使读者迷方向。任何一种学问的书籍现在都可装满一个图书馆，其中真正绝对不可不读的基本著作往往不过数千部甚至于数部。许多初学者贪多而不务得，在无足轻重的书籍上浪费时间与精力，就不免把基本要籍耽搁了。比如学哲学的尽管看过无数种的哲学史和哲学概论，却没有看过一种柏拉图的《对话集》；学经济学的尽管读过无数种的教科书，却没有看过亚当·斯密的《原富》。做学问如作战，须攻坚挫锐，占住要塞。目标太多了，掩埋了坚锐所在，只东打一拳，西踢一脚，就成了"消耗战"。读书并不在多，最重要的是选得精，读得彻底，与其读 10 部无关轻重的书，不如以读 10 部书的时间和精力去读一部真正值得读的书；与其 10 部书都只能泛览一遍,不如取一部书精读10遍。“旧书不厌百回读,熟读深思子自知”,这两句诗值得每个读书人悬为座右铭。读书原为自己受用,多读不能算是荣誉,少读也不能算是羞耻。少读如果彻底,必能养成深思熟虑的习惯,涵泳优游,以至于变化气质;多读而不求甚解,譬如驰骋十里洋场,虽珍奇满目,徒惹得心花意乱,空手而归。世间许多人读书只为装点门面,如暴发户炫耀家私,以多为贵。这在治学方面是自欺欺人,在做人方面是趣味低劣。

读的书当分种类,一种是为获得现世界公民所必需的常识,一种是为做专门学问。为获常识起见,目前一般中学和大学初年级的课程,如果认真学习,也就很够用。所谓认真学习,熟读讲义课本并不济事,每科必须精选要籍三五种来仔细玩索一番。常识课程总共不过十数种,每种选读要籍三五种,总计应读的书也不过50部左右。这不能算是过奢的要求。一般读书人所读过的书大半不止此数,他们不能得实益,是因为他们没有选择,而静读时又只潦草滑过。

常识不但是现世界公民所必需,就是专门学者也不能缺少它。近代科学分野严密,治一科学问者多固步自封,以专门为借口,对其他相关学问毫不过问。这对于分工研究或许是必要,而对于淹通深造却是牺牲。宇宙本为有机体,其中事理彼此息息相关,牵其一即动其余,所以研究事理的种种学问在表面上虽可分别,在实际上却不能割开。世间绝没有一科孤立绝缘的学问。比如政治学须牵涉到历史、经济、法律、哲学、心理学以至于外交、军事等等,如果一个人对于这些相关学问未曾问津,入手就要专门习政治学,愈前进必愈感困难,如老鼠钻牛角,愈钻愈窄,寻不着出路。其他学问也大抵如此,不能通就不能专,不能博就不能约。先博学而后守约,这是治任何学问所必守的程序。我们只看学术史,凡是在某一科学问有大成就的人,都必定于许多他科学问有深广的基础。目前我国一般青年学子动辄喜言专门,以至于许多专门学者对于极基本的学科毫无常识。这种风气也许是在国外大学做博士论文的先生们所酿成的。它影响到我们的大学课程,许多学系所设的科目“专”到不近情理,在外国大学研究院里也不一定有。这好像逼吃奶的小孩去嚼肉骨,岂不是误人子弟?

有些人读书,全凭自己的兴趣。今天遇到一部有趣的书就把预拟做的事丢开,用全副精力去读它;明天遇到另一部有趣的书,仍是如此办,虽然这两书在性质上毫不相关。一年之中可以时而习天文,时而研究蜜蜂,时而读莎士比亚。在旁人认为重要而自己不感兴味的书都一概置之不理。这种读法有如打游击,亦如蜜蜂采蜜。它的好处在使读书成为乐事,对于一时兴到的著作可以深入,久而久之,可以养成一种不平凡的思路与胸襟。它的坏处在使读书泛滥而无所归宿,缺乏专门研究所必需的“经院式”的系统训练,产生畸形的发展,对于某一方面知识过于重视,对于另一方面知识可以很蒙昧。我的朋友中有专读冷僻书籍,对于正经正史从未过问的,他在文学上虽有造就,但不能算是专门学者。如果一个人有时间与精力允许他过享乐主义的生活，不把读书当作工作而只当作消遣，这种蜜蜂采蜜式的读书法原亦未尝不可采用。但是一个人如果抱有成就一种学问的志愿，他就不能不有预定计划与系统。对于他，读书不仅是追求兴趣，尤其是一种训练，一种准备。有些有趣的书他须得牺牲，也有些初看很枯燥的书他必须咬定牙关去硬啃，一久了他自然还可以啃出滋味来。

读书须有一个中心去维持兴趣，或是科目，或是问题。以科目为中心时，就要精选那一科的要籍，一部一部地从头到尾读，以求对于该科得到一个概括的了解，作进一步高深研究的准备。读文学作品以作家为中心，读史学作品以时代为中心，也属于这一类。以问题为中心时，心中先须有一个待研究的问题。然后采关于这问题的书籍去读，用意在搜集材料和诸家对于这问题的意见，以供自己权衡去取，推求结论。重要的书仍须全看，其余的这里看一章，那里看一节，得到所要搜集的材料就可以丢手。这是一般做研究工作者所常用的方法，对于初学不相宜。不过初学者以科目为中心时，仍可约略采取以问题为中心的微意。一书作几遍看，每一遍只着重某一方面。苏东坡《又答王庠书》曾谈到这个方法：

……少年为学者，每一书皆作数过尽之。书富如入海，百货皆有，人之精力，不能兼收尽取，但得其所欲求者耳。故愿学者每次作一意求之。如欲求古今兴亡治乱圣贤作用，但作此意求之，勿生余念。又别作一次，求事迹故实典章文物之类，亦如之。他皆仿此。此虽迂钝，而他日学成，八面受敌，与涉猎者不可同日而语也。

朱子尝劝他的门人采用这个方法。它是精读的一个要诀，可以养成仔细分析的习惯。举看小说为例，第一次但求故事结构，第二次但注意人物描写，第三次但求人物与故事的穿插，以至于对话、词藻、社会背景、人生态度等等都可如此逐次研求。读书要有中心，有中心才易有系统组织。比如看史书，假定注意的中心是教育与政治的关系，则全书中所有关于这问题的史实都被这中心联系起来，自成一个系统。以后读其他书籍如经子专集之类，自然也常遇着关于政教关系的事实与理论，它们也自然归到从前看史书时所形成的那个系统了。一个心里可以同时有许多系统中心，如一部字典有许多“部首”，每得一条新知识，就会依物以类聚的原则，汇归到它的性质相近的系统里去，就如拈新字贴进字典里去，是人旁的字都归到人部，是水旁的字都归到水部。大凡零星片段的知识，不但易忘，而且无用。每次所得的新知识必须与旧有的知识联络贯串，这就是说，必须围绕一个中心归聚到一个系统里去，才会生根，才会开花结果。记忆力有它的限度，要把读过的书所形成的知识系统，原本枝叶都放在脑里储藏起，在事实上往往不可能。如果不能储藏，过目即忘，则读亦等于不读。我们必须于脑以外另辟储藏室，把脑所储藏不尽的都移到那里去。这种储藏室在从前是笔记，在现在是卡片。记笔记和做卡片有如植物学家采集标本，须分门别类订成目录，采得一件就归入某一门某一类，时间过久了，采集的东西虽极多，却各有班位，条理井然。这是一个极合乎科学的办法，它不但可以节省脑力，储有用的材料，供将来的需要，还可以增强思想的条理化与系统化。预备做研究工作的人对于记笔记做卡片的训练，宜于早下功夫。

（《怎样读书好》北京联合出版公司，2017 年第 1 版）

随便翻翻

鲁　迅

我想讲一点我的当作消闲的读书——随便翻翻。但如果弄得不好，会受害也说不定的。

我最初去读书的地方是私塾，第一本读的是《鉴略》，桌上除了这一本书和习字的描红格，对字（这是做诗的准备）的课本之外，不许有别的书。但后来竟也慢慢地认识字了，一认识字，对于书就发生了兴趣，家里原有两三箱破烂书，于是翻来翻去，大目的是找图画看，后来也看看文字。这样就成了习惯，书在手头，不管它是什么，总要拿来翻一下，或者看一遍序目，或者读几页内容，到得现在，还是如此，不用心，不费力，往往在作文或看非看不可的书籍之后，觉得疲劳的时候，也拿这玩意来作消遣了，而且它也的确能够恢复疲劳。

倘要骗人，这方法很可以冒充博雅。现在有一些老实人，和我闲谈之后，常说我书是看得很多的，略谈一下，我也的确好像书看得很多，殊不知就为了常常随手翻翻的缘故，却并没有本本细看。还有一种很容易到手的秘本，是《四库书目提要》，倘还怕繁，那么，《简明目录》也可以，这可要细看，它能做成你好像看过许多书。不过我也曾用过正经工夫，如什么"国学"之类，请过先生指教，留心过学者所开的参考书目。结果都不满意。有些书目开得太多，要十来年才能看完，我还疑心他自己就没有看；只开几部的较好，可是这须看这位开书目的先生了，如果他是一位胡涂虫，那么，开出来的几部一定也是极顶胡涂书，不看还好，一看就胡涂。

我并不是说，天下没有指导后学看书的先生，有是有的，不过很难得。

这里只说我消闲的看书——有些正经人是反对的，以为这么一来，就"杂"！"杂"，现在又算是很坏的形容词。但我以为也有好处。譬如我们看一家的陈年账簿，每天写着"豆付三文，青菜十文，鱼五十文，酱油一文"，就知先前这几个钱就可买一天的小菜，吃够一家；看一本旧历本，写着"不宜出行，不宜沐浴，不宜上梁"，就知道先前是有这么多的禁忌。看见了宋人笔记里的"食菜事魔"，明人笔记里的"十彪五虎"，就知道"哦呵，原来'古已有之'"。但看完一部书，都是些那时的名人轶事，某将军每餐要吃三十八碗饭，某先生体重一百七十五斤半；或是奇闻怪事，某村雷劈蜈蚣精，某妇产生人面蛇,毫无益处的也有。这时可得自己有主意了,知道这是帮闲文士所作的书。凡帮闲,他能令人消闲消得最坏,他用的是最坏的方法。倘不小心,被他诱过去,那就坠入陷阱,后来满脑子是某将军的饭量,某先生的体重,蜈蚣精和人面蛇了。

讲扶乩的书,讲婊子的书,倘有机会遇见,不要皱起眉头,显示憎厌之状,也可以翻一翻;明知道和自己意见相反的书,已经过时的书,也用一样的办法。例如杨光先的《不得已》是清初的著作,但看起来,他的思想是活着的,现在意见和他相近的人们正多得很。这也有一点危险,也就是怕被它诱过去。治法是多翻,翻来翻去,一多翻,就有比较,比较是医治受骗的好方子。乡下人常常误认一种硫化铜为金矿,空口是和他说不明白的,或者他还会赶紧藏起来,疑心你要白骗他的宝贝。但如果遇到一点真的金矿,只要用手掂一掂轻重,他就死心塌地:明白了。

"随便翻翻"是用各种别的矿石来比的方法,很费事,没有用真的金矿来比的明白,简单。我看现在的青年常在问人该读什么书,就是要看一看真金,免得受硫化铜的欺骗。而且一识得真金,一面也就真的识得了硫化铜,一举两得了。

但这样的好东西,在中国现有的书里,却不容易得到。我回忆自己的得到一点知识,真是苦得可怜。幼小时候,我知道中国在"盘古氏开辟天地"之后,有三皇五帝……宋朝,元朝,明朝,"我大清"。到二十岁,又听说"我们"的成吉思汗征服欧洲,是"我们"最阔气的时代。到二十五岁,才知道所谓这"我们"最阔气的时代,其实是蒙古人征服了中国,我们做了奴才。直到今年八月里,因为要查一点故事,翻了三部蒙古史,这才明白蒙古人的征服"斡罗思",侵入匈奥,还在征服全中国之前,那时的成吉思还不是我们的汗,倒是俄人被奴的资格比我们老,应该他们说"我们的成吉思汗征服中国,是我们最阔气的时代"的。

我久不看现行的历史教科书了,不知道里面怎么说;但在报章杂志上,却有时还看见以成吉思汗自豪的文章。事情早已过去了,原没有什么大关系,但也许正有着大关系,而且无论如何,总是说些真实的好。所以我想,无论是学文学的,学科学的,他应该先看一部关于历史的简明而可靠的书。但如果他专讲天王星,或海王星,虾蟆的神经细胞,或只咏梅花,叫妹妹,不发关于社会的议论,那么,自然,不看也可以的。

我自己,是因为懂一点日本文,在用日译本《世界史教程》和新出的《中国社会史》应应急的,都比我历来所见的历史书类说得明确。前一种中国曾有译本,但只有一本,后五本不译了,译得怎样,因为没有见过,不知道。后一种中国倒先有译本,叫作《中国社会发展史》,不过据日译者说,是多错误,有删节,靠不住的。

我还在希望中国有这两部书。又希望不要一哄而来,一哄而散,要译,就译它完;也不要删节,要删节,就得声明,但最好还是译得小心,完全,替作者和读者想一想。

(《读书的方法与技巧》人民出版社,2018 年第 1 版)

为什么要读书

胡　适

青年会叫我在未离南方赴北方之前在这里谈谈，我很高兴，题目是“为什么要读书”。现在读书运动大会开始，青年会拣定了三个演讲题目。我看第二个题目“怎样读书”很有兴味，第三个题目“读什么书”更有兴味，第一个题目无法讲，“为什么要读书”，连小孩子都知道，讲起来很难为情，而且也讲不好。所以我今天讲这个题目，不免要侵犯其余两个题目的范围，不过我仍旧要为其余两位演讲的人留一些余地。现在我就把这个题目来试一下看。我从前也有过一次关于读书的演讲，后来我把那篇演讲录略事修改，编入三集文存里面，那篇文章题目叫作《读书》，其内容性质较近于第二个题目，诸位可以拿来参考。今天我就来试试“为什么要读书”这个题目。

从前有一位大哲学家做了一篇《励学篇》，说到读书的好处，他说：“书中自有千钟粟，书中自有黄金屋，书中自有颜如玉。”这意思就是说，读了书可以做大官，获厚禄，可以不至于住茅草房子，可以娶得年轻的漂亮太太（台下哄笑）。诸位听了笑起来，足见诸位对于这位哲学家所说的话不十分满意，现在我就讲所以要读书的别的原因。

为什么要读书？有三点可以讲：第一，因为书是过去已经知道的知识学问和经验的一种记录，我们读书便是要接受这人类的遗产；第二，为要读书而读书，读了书便可以多读书；第三，读书可以帮助我们解决困难，应付环境，并可获得思想材料的来源。我一踏进青年会的大门，就看见许多关于读书的标语。为什么读书？大概诸位看了这些标语就都已知道了，现在我就把以上三点更详细地说一说。

第一，因为书是代表人类老祖宗传给我们的知识的遗产，我们接受了这遗产，以此为基础，可以继续发扬光大，更在这基础之上，建立更高深更伟大的知识。人类之所以与别的动物不同，就是因为人有语言文字，可以把知识传给别人，又传至后人，再加以印刷术的发明，许多书报便印了出来。人的脑很大，与猴不同，人能造出语言，后来更进一步而有文字，又能刻木刻字；所以人最大的贡献就是能累积过去的知识和经验，使后人可以节省许多脑力。非洲野蛮人在山野中遇见鹿，他们就画了一个人和一只鹿以代信，给后面的人叫他们勿追。但是把知识和经验遗给儿孙有什么用处呢？这是有用处的，因为这是前人很好的教训。现在学校里各种教科书，如物理、化学、历史，等等，都是根据几千年来进步的知识编纂成书的，一年，两年，或者三年，教完一科。自小学，中学，而至大学毕业，这十六年中所受的教育，都是代表我们老祖宗几千年来得来的知识学问和经验，所谓进化，就是叫人节省劳力。蜜蜂虽能筑巢，能发明，但传下来就只有这一点知识，没有继续去改革改良，以应付环境，没有做格外进一步的工作。人呢，达不到目的，就再去求进步，而以前人的知识学问和经验作参考。如果每样东西，要个人从头学起，而不去利用过去的知识，那不是太麻烦了吗？所以人有了这知识的遗产，就可以自己去成家立业，就可以缩短工作，使有余力做别的事。

第二点稍复杂，就是为读书而读书，为求过去的知识而读书。不错，知识可以从书本中得来，但读书不是那么容易的一件事情，不读书不能读书，要能读书才能多读书。好比戴了眼镜，小的可以放大，模糊的可以看得清楚，远的可以变近，所以读书要戴眼镜。不读书，学问不能进去，读书没有门径，学问也不能进去。王安石曾对曾子固说"读经而已，则不足以知经"，所以他对于本草、内经、小说，无所不读，这样对于经才可以明白一些，所谓"致其知而后读"，读书无非扩充知识而已。请你们注意，他不说读书以致知，却说，先致知而后读书。读书固然可以扩充知识；但知识越扩充了，读书的能力也越大。这便是"为读书而读书"的意义。我十二岁时，各种小说都看得懂，到了三十年以后，再回头看，很多不懂。讲到《诗经》，从前以为讲的是男女爱情、文王后妃一类的事，从前是戴了一副黑眼镜去看，现在换了一副眼镜，觉得完全不同。现在才知道《诗经》和民间歌谣很有关系。对于民间歌谣的研究，近来很有进步，北平有歌谣周刊、歌谣丛书，关于各地歌谣收罗很广。我们如果能把歌谣的文章、社会学、人类学研究一下，就可以知道幼稚时代的环境和生活很有趣味。例如《诗经》里有一段说："野有死麕，白茅包之。有女怀春，吉士诱之。"在从前眼光看来，觉得完全讲不通，现在才知道当时野蛮人社会有一种风俗，就是男子向女子求婚，要打野兽送到女家，若不收，便是不答应。还有《诗经》里"窈窕淑女"一节，从比较民族学眼光看来，我们可以知道当时社会的人，吃饭时可以打鼓弹琴，丝毫没有受礼教的束缚。再从文法方面来观察，像《诗经》里"之子于归""黄鸟于飞""凤凰于飞"的"于"字，此外，《诗经》里又有几百个"维"字，还有许多"助词""语词"，这些都是有作用无意义的虚字，但以前的人却从未注意及此。所以书是越看越有意义，书越多读越能读书。再说在《墨子》一书里，差不多各种学问都有，像光学、力学、逻辑、算学、几何学上的圆和平行线，以及经济学上的购买力和货币，几乎什么都讲到了。但你要懂得光学，才能懂得墨子所说的光；你要懂得各种知识，才能懂得墨子里一些最难懂的文句。总之，读书是为了要读书，多读书更可以读书。最大的毛病就在怕读书，怕书难读。越难读的书我们越要征服它们，把它们作为我们的奴隶或向导。我们要打倒难读，这才是我们的"读书乐"。若是我们有了基础的科学知识，那么，我们在读书时便能左右逢源。我再说一遍，读书的目的在于读书，要读书越多才可以读书越多。

第三点，读书可以帮助解决困难，应付环境，供给思想材料。知识是思想材料的来源。思想可分作五步，思想的起源是大的疑问。吃饭拉屎不用想，但逢着三岔路口、十字街头那样的环境，就发生困难了。走东或是走西，这样做或是那样做，困难很多。病有各样的病，发烧，头痛，多得很。第二步要把问题弄清，困难弄清。第三步才想到如何解决。读书就是出主意，暗示，但主意很多，于是又逢着困难。主意多少要看学问多少。都采用也不行。第四步就是要选择一个假定的解决方法。要想到这一个方法能不能解决，若不能，那么，就换一个，若能，就行了。这好比开锁，这一个钥匙开不开，就换一个；假定是可以开的，那么，问题就解决了。第五步就是试验。凡是有条理的思想都要经过这五步，或是逃不了这五个阶段。科学家要解决问题，侦探要侦探案件，多经过这五步。第三步主意或暗示很多，若无主意，便无办法，没有主意，便不知道怎样办，这是因为知识不够，学力不足，经验不丰富，从来没有想到，所以到要解决问题时便没有材料。读书是过去知识学问经验的记录，而知识学问经验就是要用在这时候，所谓养军千日，用兵一朝。否则，学问一些都没有，遇到困难就要糊涂起来。例如，达尔文把生物变迁现象研究了几十年，却想不出什么原则去解决，后来无意中看到马尔萨斯的《人口论》，说人口是按照几何学级数一倍一倍地增加，粮食是按照数学级数增加，达尔文研究了这原则，忽然触机，就把这原则应用到生物学上去，创了物竞天择的学说。譬如一条鱼可以产生二百万鱼子，这样，太平洋应该占满了，然而大鱼要吃小鱼，更大的鱼要吃大鱼，所以生物要适应环境才能生存。但按照经济学原则，达尔文主义是很没有条理的，而我们读书就是要解决这个困难。又譬如从前的人以为地球是世界的中心，后来天文学家哥白尼却主张太阳是世界的中心。据罗素说，哥白尼所以这样的解说，是因为希腊人已经讲过这句话，哥白尼想到了这句话可以解决这问题，便采用了。假使希腊没有这句话，在六十几年之后恐怕没有人敢说这句话吧。

这就是读书的好处。像这样当初逢着困难后来得到解决的事很多，单说我个人就有许多。在我的书房里有一部小说叫作《醒世姻缘》，是西周生所著，自然用的是假名字，这是十七、十八世纪间的出品，印好在家藏了六年。这部小说讲到婚姻问题，其内容是这样：有个好老婆，不知何故，后来忽然变坏，作者没有提及解决方法，也没有想到可以离婚，只说是前世作孽，因为在前世男虐待女，女就投生换样子，压迫者变为被压迫者。这种前世作孽，起先相爱，后来忽变的故事，我仿佛什么地方看见过，后来在《聊斋》一书中见到一篇和这相类似的笔记，也是说到一个女子，起先怎样爱着她的丈夫，后来怎样变为凶太太，便想到这部小说大约是蒲留仙或是蒲留仙的朋友作的。去年我看到一本杂志，也说是蒲留仙作的，不过没有证据。今年我在北平，才找到了证据。这一件事可以解释刚才我所说的第二点，就是读书是为了要读书而读书，同时也可以解释第三点，就是读书可以供给出主意的来源。当初若是没有主意，到了逢着困难时便要手足无措，所以读书可以解决问题，就是军事、政治、财政、思想等问题，也都可以解决，这就是读书的用处。我有一位朋友，有一次傍着洋灯看小说，洋灯装有油，但是不亮，因为灯芯短了。于是他想到《伊索寓言》里有一篇故事，说是一只老鸦要喝瓶中的水，因为瓶太小，得不到水，它就衔石投瓶中，水乃上来。这位朋友是懂得化学的，加水于灯中恐怕不亮，于是投以铜元，油乃碰到灯芯。这是看《伊索寓言》、看小说给他的帮助。读书好像用兵，养兵求其能用，否则即使有十万二十万的大兵也没有用处，有的时候还要兵变呢。

至于“读什么书”，下次陈中凡先生要讲演，今天我也附带地讲一讲。我从五岁起到了四十岁，读了三十五年的书。究竟有几部书应该读，我也曾经想过。其中有条理有系统的书可以说是还没有两三部，至于精心结构之作，二千五百年以来恐怕只有半打。譬如《老子》这部书，今天说一句“道可道”，明天又说一句“非常道”，没有一些系统。集是杂货店，史和子还是杂货店。至于《诗经》《礼记》《易经》也只有一点形式，讲到内容，可以说没有一些东西可以给我们改进道德增进知识的帮助的。中国书不够读，我们要另开生路，辟殖民地。读书要读到有乐而无苦。能做到这地步，书中便有无穷乐趣。希望大家不要怕读书，起初的确要查阅字典，但假使能下一年苦功，能把所读的书的内容句句分析清楚，这样地继续不断做去，那么，在一二年中定可开辟一个乐园，还只怕求知的欲望太大，来不及读呢。我总算是老大哥，今天我就根据我过去三十五年读书的经验，给你们这一个临别的忠告。

（《读书的方法与技巧》人民出版社，2018 年第 1 版）

读书的艺术

林语堂

诸位，兄弟今日重游旧地，以前学生生活苦乐酸甜的滋味，都一一涌上心头。不但诸位所享弦诵的快乐，我能了解，就是诸位有时所受教员的委曲磨折，注册部的挑剔为难，我也能表同情。兄弟今日仍在读书时期，所不同者，不怕教员的考试，无虑分数之高低，更无注册部来定我的及格不及格、升级不升级而已。现就个人所认为理想的方法，与诸位学生通常的读书方法比较研究一下。

余积二十年读书治学的经验，深知大半的学生对于读书一事，已经走入错路，失了读书的本意。读书本来是至乐的事，正如杜威说，读书是一种探险，如探新大陆，如征新土壤；佛兰西也说过，读书是"灵魂的壮游"，随时可发见名山巨川、古迹名胜、深林幽谷、奇花异卉。到了现在，读书已变成仅求幸免扣分数、留班级的一种苦役而已。而且读书本来是个人自由的事，与任何人不相干，现在你们读书，已经不是你们的私事，而处处要受一些不相干的人的干涉，如注册部及你们的父母妻室之类。有人手里拿一本书，心里想我将何以赡养父母，俯给妻子，这实在是一桩罪过。试想你们看《红楼梦》《水浒传》《三国志》《镜花缘》，是否你们一己的私事，何尝受人的干涉，何尝想到何以赡养父母，俯给妻子的问题？但是学问之事，是与看《红楼》《水浒》相同，完全是个人享乐的一件事。你们若不能用看《红楼》《水浒》的方法去看《哲学史》《经济学大纲》，你们就是不懂得读书之乐，不配读书，失了读书之本意，而终读不成书。你们能真用看《红楼》《水浒》的方法去看哲学、史学、科学的书，读书才能"成名"；若徒以课堂的方法读书，你们最多成了一个"秀士""博士"，成了吴稚晖先生所谓"洋绅士""洋八股"。

我认为最理想的读书方法，最懂得读书之乐者，莫如中国第一女诗人李清照及其夫赵明诚。我们想象到他们夫妇典当衣服，买碑帖水果，回来夫妻相对展玩咀嚼的情景，真使我羡慕不已。你想他们两人一面吃水果，一面赏碑帖，或者一面品佳茗，一面校经籍，这是如何的雅致，如何得了读书的真味。易安居士于《金石录后序》自叙他们夫妇的读书生活，有一段极逼真极活跃的写照。她说："余性偶强记，每饭罢坐归来堂，烹茶指堆积书史，言某事在某书某卷第几页第几行，以中否角胜负，为食茶先后。中即举杯大笑，至茶倾覆怀中，反不得饮而起，甘心老是乡矣！故虽处忧患困穷，而志不屈……收藏既富，于是几案罗列，枕席狼藉，意会心谋，目往神授，乐在声色犬马之上……”

你们能用李清照读书的方法来读书，能感受到李清照读书的快乐，你们大概也就可以读书成名，可以感觉读书一事，比巴黎跳舞场的“声色”、逸园的赛“狗”、江湾的赛“马”有趣。不然，还是看逸园赛狗、江湾赛马比读书开心。

什么才叫作真正读书呢？这个问题很简单。一句话说，兴味到时，拿起书本来就读，这才叫作真正的读书，这才不失读书之本意。这就是李清照的读书法。你们读书时，须放开心胸，仰视浮云，无酒且过，有烟更佳。现在课堂上读书连头颈也不许你转动，这还能算为读书的正轨吗？或在暮春之夕，与你们的爱人，携手同行，共到野外读《离骚经》，或在风雪之夜，靠炉围坐，佳茗一壶，淡巴菰一盒，哲学、经济、诗文、史籍数十本，狼藉横陈于沙发之上，然后随意所之，取而读之，这才得了读书的兴味。现在你们手里拿一本书，心里计算及格不及格，升级不升级，注册部对你的态度如何，如何靠这本书骗一只较好的饭碗，娶一位较漂亮的老婆——这还能算为读书，还配称为“读书种子”吗？还不是沦为“读书谬种”吗？

有人说如林先生这样读书方法，简单固然简单，但是读不懂如何，而且不知成效如何？须知世上绝无看不懂的书，有之便是作者文笔艰涩，字句不通，不然便是读者的程度不合，见识未到。各人如能就兴味与程度相近的书选读，未有不可无师自通，或者偶有疑难，未能遽然了解，涉猎既久，自可融会贯通，试问诸位少时看《红楼》《水浒》何尝有人教，何尝翻字典？你们的侄儿少辈现在看《红楼》《西厢》，又何尝须要你们去教？许多人今日中文很好，都是由看小说、史记得来的，而且都是背着师长，偷偷摸摸硬看下去，那些书中不懂的字，不懂的句，看惯了就自然明白。学问的书也是一样，常看下去，自然会明白，遇有专门名词，一次不懂，二次不懂，三次就懂了。只怕诸位不得读书之乐，没有耐心看下去。

所以我的假定是学生会看书，肯看书，现在教育制度是假定学生不会看书，不肯看书。说学生书看不懂，在小学时可以说，在中学时还可以说，但是在聪明学生，已经是一种诬蔑了。至于已进大学还要说书看不懂，这真有点不好意思吧！大约一人的脸面要紧，年纪一大，即使不能自己喂饭，也得两手拿一只饭碗硬塞到口里去，似乎不便把你们的奶妈干娘一齐都带到学校来给你们喂饭，又不便把大学校教授看作你们的奶妈干娘。

至于“成效”，我的方法可以包管比现在大学的方法强。现在大学教育的成效如何，大家是很明了的。一人从六岁一直读到二十六岁大学毕业，总共读过几本书？老实说，有限得很。普通大约总不会超过四五十本以上。这还不是跟以前的秀才举人相等？从前有一位中了举人，还没听过《公羊传》的书名，传为笑话。现在大学毕业生就有许多近代名著未曾听过名字，即中国几种重要丛书也未曾见过。这是学堂的不是，假定你们不会看书，因此也不让你们有自由看书的机会。一天到晚，总是摇铃上课，摇铃吃饭，摇铃运动，摇铃睡觉。你想一人的精神是有限的，从八点上课一直到下午四五点，还要运动、拍球，哪里还有闲工夫自由看书呢？而且凡是摇铃，都是讨厌，即使摇铃游戏，我们也有不愿意之时，何况是摇铃上课？因为学堂假定你们不会读书，不肯读书，所以把你们关在课堂请你们静坐，用“注射”“灌输”的形式，由教员将知识注射入你们的脑壳里。无如常人头颅都是不透水的，所以知识注射普遍不大成功。但是比如依我方法，假定你们是会看书、要看书，由被动式改为自动式的，给你们充分自由看书的机会，这个成效如何呢？应当计算一下，假定上海光华、大夏或任何大学有一千名学生，每人每期交学费一百元，这一千名学费已经合共有十万元。将此十万元拿去买书，由学校预备一间空屋置备书架，扣了五千元做办公费(再多便是罪过)，把这九万五千元的书籍放在那间空屋，由你们随便胡闹去翻看，年底抽签分配，各人拿回去九十五元的书，只要所用的工夫与你们上课的时间相等，一年之中，你们学问的进步，必非一年上课的成绩所可比。现在这十万元用到哪里去？大概一成买书，而九成去养教授，及教授的妻子、教授的奶妈，奶妈又拿去买奶妈的马桶，这还可以说是把你们的“读书”看作一件正经事吗？

假定你们进了这十万元书籍的图书馆，依我的方法，随兴趣之去看书，成效如何呢？有人要疑心，没有教员的指导，必定是不得要领，杂乱无章，涉猎不精，不求甚解。这自然是一种极端的假定，但是成绩还是比现在大学教育好。关于指导，自可编成指导书及种种书目。如此读了两年可以抵过在大学上课四年。第一样，我们须知道读书的方法，一方面要几种精读，一方面也要尽量涉猎翻览。两年之中能大概把二十万元的书箱，随意翻览。知其书名、作者、内容大概也就不愧为一读书人了。第二样，我们要明白学问的事决不是如此呆板。读书必求深入，而欲求深入，非由兴趣相近者入手不可。学问是每每互相关联的，一人找到一种有趣的书，必定由一问题而引起其他问题，由看一本书而不能不去找关系的十几种书，如此循序渐进，自然可以升堂入室，研磨既久，门径自熟；或是发见问题，发明新义，更可触类旁通，广求博引，以证己说，如此一步一步地深入，自可成名。这是自动的读书方法。较之现在上课听讲被动的方法，如东风过耳，这里听一点，那里听一点，结果不得其门而入，一无所获，强似多多了。第三，我们要明白，大学教育的宗旨，对于毕业生的期望，不过要他博览群籍而已(be a well-read man)，并不是如课程中所规定，一定非逻辑八十分，心理七十五分不可，也不是说心理看了一百八十三页讲义，逻辑看了二百零三页讲义，便算完事。这种的读书，便是犯了孔子所谓“今汝画”的毛病。所谓博览群籍，无从定义，最多不过说某人“书看得不少”，某人“差一点”而已，哪里去定什么限制？说某人“学问不错”，也不过这么一句话而已，哪里可以说某书一定非读不可，某种科目是“必修科目”。一人在两年中泛览这二十万元的书籍，大概他对于学问的内容途径，什么名著、杰作、版本、笺注，总多少有一点把握了。

现在的大学教育方法如何呢？你们读书是极端不自由，极端不负责，你们的学问不但有注册部定标准，简直可以称斤两的。这斤两制，就是学校的所谓“七十八分”“八十六分”之类，及所谓多少“单位”（学分）。试问学问之事，何得称量斤两？所谓世界史七十八分，逻辑八十六分，如何解释？一人的逻辑，怎么叫八十六分？若谓世界上关于世界史的知识你们百分已知道了七十八分，岂有那样容易的事？但依现行制度，每周三小时的科目算三单位，每周二小时的科目算二单位，这样由一方块一方块的单位，慢慢堆叠而来，叠成多少立方尺的学问，于是乎某人“毕业”，某人是“秀士”了。你想这笑话不笑话？须知我们何以有此大学制？是因为各人要拿文凭，因为要拿文凭，故不得不由注册部定标准，平衡一下，就不得不让注册部来把你们“称一称”。你们如果不要文凭，便无被称之必要。但是你们为什么要文凭呢？说来话长。有人因为要行孝道，拿了父母的钱，心里难过，于是下定决心，要规规矩矩安心定志读几年书，才不辜负父母一番好意及期望。这是不对的，与遵父母之命媒妁之言恋爱女子一样的违背道德。这是你们私人读书享乐的事，横被家庭义务的干涉，是想把真理学问孝敬你们的爸爸妈妈老太婆。只因真理学问，似太渺茫，所以还是拿一张文凭具体一点为是。有人因为想要得文凭学位，每月可以多得几十块钱，使你们的亲卿爱卿宁馨儿舒服一点。社会对你们的父母说：你们儿子中学毕业读了三十本书，我可给他每月四五十元，如果再下二千元本钱再读了三十本书，大学毕业，我可给他每月八九十元。你们的父母算盘一打，说“好”，于是议成，而你们进大学，于是你们被称，拿文凭，果然每月八九十元到手，成交易。这还不是你们被出卖吗？与读书之本旨何关，与我所说读书之乐又何关？但是你们不能怪学校给你们称斤两，因为你们要向它拿文凭，学堂为保持招牌信用起见，不能不知此。且必如此然后公平交易，童叟无欺。处于今日大规模生产品（Mass Production）之时期，不能不划定商货之品类（Standardization of Products），学问既然成为公然交易的商品，秀士、硕士、博士，既为大规模生产品之一，自然也不能不“划定”一下。其实这种以学问为交易之事，自古已然。子张学干禄，子曰：“三年学，不至于谷，未易得也。”关于往时“生员”在社会所作的孽，可参观《亭林文集·生员论》上中下三篇。

到了这个地步，读书与入学，完全是两件事了，去原意远矣。我所希望者，是诸位早日觉悟，在明知被卖之下，仍旧不忘其本，不背读书之本意，不失读书之快乐，不昧于真正读书的艺术。并希望诸位趁火打劫，虽然被卖，钱也要拿，书也要读，如此就两得其便了。

（《读书读书》北京时代华文书局，2018 年第 1 版）

论读书

林语堂

本篇演讲只是谈谈本人对于读书的意见，并不是要训勉青年，亦非敢指导青年。所以不敢训勉青年有两种理由：第一，因为近来常听见贪官污吏到学校致训词，叫学生须有志操、有气节、有廉耻；也有卖国官僚到大学演讲，劝学生要坚忍卓绝，做富贵不能淫、威武不能屈的大丈夫。孟子曰，人之患在好为人师，料想战国的土豪劣绅亦必好训勉当时的青年，所以激起孟子这样不平的话。第二，读书没有什么可以训勉。世上会读书的人，都是书拿起来自己会读。不会读书的人，亦不会因为指导而变为会读。譬如数学，出五个问题叫学生去做，会做的人是自己脑里做出来的，并非教员教他做出；不会做的人经教员指导，这一题虽然做出，下一题仍旧非指导不可，数学并不会因此高明起来。我所要讲的话于你们本会读书的人，没有什么补助，于你们不会读书的人，也不会使你们变为善读书。所以今日谈谈，亦只是谈谈而已。

读书本是一种心灵的活动，向来算为清高。“万般皆下品，惟有读书高。”所以读书向称为雅事乐事。但是现在雅事乐事已经不雅不乐了。今天读书，或为取资格，得学位，在男为娶美女，在女为嫁贤婿；或为做老爷，踢屁股；或为求爵禄，刮地皮；或为做走狗，拟宣言；或为写讣闻，做贺联；或为当文牍，抄账簿；或为做相士，占八卦；或为做塾师，骗小孩……诸如此类，都是借读书之名，取利禄之实，皆非读书本旨。亦有人拿父母的钱，上大学，跑百米，拿一块大银盾回家，在我是看不起的，因为这似乎亦非读书的本旨。

今日所谈，亦非指学堂中的读书，亦非指读教授所指定的功课，在学校读书有四不可。(一)所读非书。学校专读教科书，而教科书并不是真正的书。今日大学毕业的人所读的书极其有限。然而读一部小说概论，到底不如读《三国》《水浒》；读一部历史教科书，不如读《史记》。(二)无书可读。因为图书馆存书不多，可读的书极有限。(三)不许读书。因为在课室看书，有犯校规，例所不许。倘是一人自晨至晚上课，则等于自晨至晚被监禁起来，不许读书。(四)书读不好。因为处处受注册部干涉，毛孔骨节，皆不爽快。且学校所教非慎思明辨之学，乃记问之学。记问之学不足为人师，《礼记》早已说过。书上怎样说，你便怎样答，一字不错，叫作记问之学。倘是你能猜中教员心中要你如何答法,照样答出,便得一百分,于是沾沾自喜,自以为西洋历史你知道一百分,其实西洋历史你何尝知道百分之一。学堂所以非注重记问之学不可,是因为便于考试。如拿破仑生卒年月,形容词共有几种,这些不必用头脑,只需强记,然学校考试极其便当,差一年可扣一分;然而事实上于学问无补,你们的教员,也都记不得。要用时自可在百科全书上去查。又如罗马帝国之亡,有三大原因,书上这样讲,你们照样记,然而事实上问题极复杂。有人说罗马帝国之亡,是亡于蚊子(传布寒热疟),这是书上所无的。

今日所谈的是自由的看书读书,无论是在校,离校,做教员,做学生,做商人,做政客,有闲必读书。这种的读书,所以开茅塞,除鄙见,得新知,增学问,广识见,养性灵。人之初生,都是好学好问,及其长成,受种种的俗见俗闻所蔽,毛孔骨节,如有一层包膜,失了聪明,逐渐顽腐。读书便是将此层蔽塞聪明的包膜剥下。能将此层剥下,才是读书人。并且要时时读书,不然便会鄙吝复萌,顽见俗见生满身上,一人的落伍、迂腐、冬烘,就是不肯时时读书所致。所以读书的意义,是使人较虚心,较通达,不固陋,不偏执。一人在世上,对于学问是这样的:幼时认为什么都不懂,大学时自认为什么都懂,毕业后才知道什么都不懂,中年又以为什么都懂,到晚年才觉悟一切都不懂。大学生自以为心理学他也念过,历史地理他亦念过,经济科学也都念过,世界文学艺术声光化电他也念过,所以什么都懂,毕业以后,人家问他国际联盟在哪里,他说"我书上未念过",人家又问法西斯蒂在意大利成绩如何,他也说"我书上未念过",所以觉得什么都不懂。到了中年,许多人娶妻生子,造洋楼,有身份,做名流,戴眼镜,留胡子,拿洋棍,沾沾自喜,那时他的世界已经固定了:女子放胸是不道德,剪发亦不道德,社会主义就是共产党,读《马氏文通》是反动,节制生育是亡种逆天,提倡白话是亡国之先兆,《孝经》是孔子写的,大禹必有其人……意见非常之多而且确定不移,所以又是什么都懂。其实是此种人久不读书,鄙吝复萌所致。此种人不可与深谈。但亦有常读书的人,老当益壮,其思想每每比青年急进,就是能时时读书,所以心灵不曾化石,变为古董。

读书的主旨在于排脱俗气。黄山谷谓人不读书便语言无味,面目可憎。须知世上语言无味、面目可憎的人很多,不但商界政界如此,学府中亦颇多此种人。然语言无味,面目可憎在官僚商贾则无妨,在读书人是不合理的。所谓面目可憎,不可作面孔不漂亮解,因为并非不能奉承人家、排出笑脸所以"可憎";胁肩谄笑,面孔漂亮,便是"可爱"。若欲求美男子小白脸,尽可于跑狗场、跳舞场,及政府衙门中求之。有漂亮脸孔、说漂亮话的政客,未必便面目不可憎。读书与面孔漂亮没有关系,因为书籍并不是雪花膏,读了便会增加你的容辉。所以面目可憎不可憎,在你如何看法。有人看美人专看脸蛋,凡有鹅脸柳眉皓齿朱唇都叫作美人。但是识趣的人若李笠翁看美人专看风韵,笠翁所谓三分容貌有姿态等于六七分,六七分容貌,乏姿态等于三四分。有人面目平常，然而谈起话来，使你觉得可爱；也有满脸脂粉的摩登伽、洋囡囡，做花瓶，做客厅装饰甚好，但一与交谈，风韵全无，便觉得索然无味。黄山谷所谓面目可憎不可憎，亦只是指读书人之议论风采说法。若《浮生六记》的芸，虽非西施面目，并且前齿微露，我却觉得是中国第一美人。男子也是如是看法：章太炎脸孔虽不漂亮，王国维虽有一条辫子，但是他们是有风韵的，不是语言无味面目可憎的。简直可认为可爱。亦有漂亮政客，做武人的兔子姨太太，说话虽漂亮，听了却令人作呕三日。

至于语言无味（着重"味"字），都全看你所读是什么书及读书的方法。读书读出味来，语言自然有味，语言有味，做出文章亦必有味。有人读书读了半世，亦读不出什么味儿来，都是因为读不合的书，及不得其读法。读书须先知味。这味字，是读书的关键。所谓味，是不可捉摸的，一人有一人胃口，各不相同，所好的味亦异，所以必先知其所好，始能读出味来。有人自幼嚼书本，老大不能通一经，便是食古不化勉强读书所致。袁中郎所谓读所好之书，所不好之书可让他人读之，这是知味的读法。若必强读，消化不来，必生疳积胃滞诸病。

口之于味，不可强同，不能因我之所嗜好以强人。先生不能以其所好强学生去读，父亲亦不得以其所好强儿子去读。所以书不可强读，强读必无效，反而有害，这是读书之第一义。有愚人请人开一张必读书目，硬着头皮咬着牙根去读，殊不知读书须求气质相合。人之气质各有不同，英人俗语所谓"在一人吃来是补品，在他人吃来是毒质"。因为听说某书是名著，因为要做通人，硬着头皮去读，结果必毫无所得。过后思之，如做一场恶梦，甚且终身视读书为畏途，提起书名来便头痛。小时候若非有随时扔掉不喜之书之权，亦几乎堕入此道矣！萧伯纳说许多英国人终身不看莎士比亚，就是因为幼年塾师强迫背诵种下的果。许多人离校以后，终身不再看诗，不看历史，亦是旨趣未到学校迫其必修所致。

所以读书不可勉强，因为学问思想是慢慢胚胎滋长出来。其滋长自有滋长的道理，如草木之荣枯，河流之转向，各有其自然之势，逆势必无成就。树木的南枝遮荫，自会向北枝发展，否则枯槁以待毙。河流遇了矶石悬崖，也会转向，不是硬冲，只要顺势流下，总有流入东海之一日。世上无人人必读之书，只有在某时某地某种心境不得不读之书。有你所应读，我所万不可读；有此时可读，彼时不可读。即使有必读之书，亦决非此时此刻所必读：见解未到，必不可读；思想发育程度未到，亦不可读。孔子说五十可以学《易》，便是说四十五岁时尚不可读《易经》。刘知幾少读古文《尚书》，挨打亦读不来，后听同学读《左传》，甚好之，求授《左传》，乃易成诵。《庄子》本是必读之书，然假使读《庄子》觉得索然无味，只好放弃，过了几年再读。对《庄子》感觉兴味，然后读《庄子》；对马克思感觉兴味，然后读马克思。

且同一本书，同一读者，一时可读出一时之味道出来。其景况适如看一名人相片，或读名人文章，未见面时，是一种味道，见了面交谈之后，再看其相片，或读其文章，自有另外一层深切的理会。或是与其人绝交以后，看其照片，读其文章，亦另有一番味道。四十学《易》是一种味道，五十而学《易》，又是一种味道，所以凡是好书都值得重读的。自己见解愈深，学问愈进，愈读得出味道来。譬如我此时重读 Lamb 的论文，比幼时所读全然不同，幼时虽觉其文章有趣，没有真正魂灵的接触，未深知其文之佳境所在。一人背痈，再去读范增的传，始觉趣味。或是叫许钦文在狱中读清初文字狱的文人传记，才别有一番滋味在心头。

由是可知读书有二方面，一是作者，一是读者。程子谓《论语》读者有此等人与彼等人，有读了全然无事者；亦有读了不知手之舞之足之蹈之者。所以读书必以气质相近，而凡人读书必找一位同调的先贤，一位气质与你相近的作家，作为老师，这是所谓读书必须得力一家。不可昏头昏脑，听人戏弄，庄子亦好，荀子亦好，苏东坡亦好，程伊川亦好。一人同时爱庄荀，或同时爱苏程是不可能的事。找到思想相近之作家，找到文学上之情人，必胸中感觉万分痛快，而魂灵上发生猛烈影响，如春雷一鸣，蚕卵孵出，得一新生命，入一新世界。George Eliot 自叙读卢梭自传，如触电一般。尼采师叔本华，萧伯纳师易卜生，虽皆非及门弟子，而思想相承，影响极大。当二子读叔本华、易卜生时，思想上起了大影响，是其思想萌芽学问生根之始。因为气质性灵相近，所以乐此不疲，流连忘返；流连忘返，始可深入，深入后，如受春风化雨之赐，欣欣向荣，学业大进。

谁是气质与你相近的先贤，只有你知道，也无需人家指导，更无人能勉强，你找到这样一位作家，自会一见如故。苏东坡初读庄子，如有胸中久积的话，被他说出；袁中郎夜读徐文长诗，叫唤起来，叫复读，读复叫，便是此理。这与“一见倾心”之性爱同一道理。你遇到这样作家，自会恨相见太晚。一人必有一人中意的作家，各人自己去找去，找到了文学上的爱人，他自会有魔力吸引你，而你也乐自为所吸，甚至声音相貌，一颦一笑，亦渐与相似。这样浸润其中，自然获益不少，将来年事渐长，厌此情人，再找别的情人，到了经过两三个情人，或是四五个情人，大概你自己也已受了熏陶不浅，思想已经成熟，自己也就成了一位作家。若找不到情人，东览西阅，所读的未必能沁入魂灵深处，便是逢场作戏。逢场作戏，不会有心得，学问不会有成就。

知道情人滋味便知道苦学二字是骗人的话。学者每为“苦学”或“困学”二字所误。读书成名的人，只有乐，没有苦。据说古人读书有追月法、刺股法，及丫头监读法。其实都是很笨。读书无兴味，昏昏欲睡，始拿锥子在股上刺一下，这是愚不可当。一人书本摆在面前，有中外贤人向你说极精彩的话，尚且想睡觉，便应当去睡觉，刺股亦无益。叫丫头陪读，等打盹时唤醒你，已是下流，亦应去睡觉，不应读书。而且此法极不卫生，不睡觉，只有读坏身体，不会读出书的精彩来。若已读出书的精彩来，便不想睡觉，故无丫头唤醒之必要。刻苦耐劳，淬励奋勉是应该的，但不应视读书为苦。视读书为苦，第一着已走了错路。天下读书成名的人，皆以读书为乐；汝以为苦，彼却沉湎以为至乐。比如一人打麻将，或如人挟妓冶游，流连忘返，寝食俱废，始读出书来。以我所知国文好的学生，都是偷看几百万言的《三国》《水浒》而来，决不是一学年读五十六页文选，国文会读好的。试问在偷读《三国》《水浒》之人，读书有什么苦处？何尝算页数？好学的人，于书无所不窥，窥就是偷看。于书无所不偷看的人，大概才会成名。

有人读书必装腔作势，或嫌板凳太硬，或嫌光线太弱，这都是读书未入门路，未觉兴味所致。有人做不出文章，怪房间冷，恐蚊子多，怪稿纸发光，怪马路上电车声音太嘈杂，其实都是因为文思不来，写一句，停一句。一人不好读书，总有种种理由。“春天不是读书天，夏日炎炎最好眠，等到秋来冬又至，不如等待到来年。”其实读书是四季咸宜。古所谓“书淫”之人，无论何时何地可读书皆手不释卷，这样才成读书人样子。顾千里裸体读经，便是一例，即使暑气炎热，至非裸体不可，亦要读经。欧阳修在马上厕上皆可做文章，因为文思一来，非做不可，非必正襟危坐明窗净几才可做文章。一人要读书则澡堂、马路、洋车上、厕上、图书馆、理发室，皆可读。

读书须有胆识，有眼光，有毅力。胆识二字拆不开，要有识，必敢有自己意见，即使一时与前人不同亦不妨。前人能说得我服，是前人是，前人不能服我，是前人非。人心之不同如其面，要脚踏实地，不可舍己耘人。诗或好李，或好杜，文或好苏，或好韩，各人要凭良知，读其所好，然后所谓好，说得好的道理出来。或竟苏韩皆不好，亦不必惭愧，亦须说出不好的理由来。或某名人文集，众人所称而你独恶之，则或系汝自己学力见识未到，或果然汝是而人非。学力未到，等过几年再读，若学力已到而汝是人非，则将来必发现与汝同情之人。刘知幾少时读前后《汉书》，怪前书不应有《古今人表》，后书宜为更始立纪，当时闻者责以童子轻议前哲，乃“赧然自失，无辞以对”，后来偏偏发现张衡、范晔等，持见与之相同。此乃刘知幾之读书胆识。因其读书皆得之襟腑，非人云亦云，所以能著成《史通》一书。如此读书，处处有我的真知灼见，得一分见解是一分学问，除一种俗见，算一分进步，才不会落入圈套，满口烂调，一知半解，似是而非。

（《读书读书》北京时代华文书局，2018 年第 1 版）

爱读的书

茅　盾

小说之类,从前谓之“闲书”,读“闲书”,不外因为“有闲”而求消遣。这是一种旧观念。现在虽然也还有不少人为了消遣而读小说之类的文学作品,但“闲书”这名称到底也不大时行了。文学作品现已被公认为精神食粮之一种。写作者的态度是严肃的,写作出来的东西不是供人消遣的。

不过又有了“趣味”说。据这一说,人们读文学作品,大抵各就所好;同一作品,甲乙丙丁的观感各有不同,因为各人之趣味不同。但各人的趣味何以有不同呢?这本来可以从各人身世、教养、思想意识来加以解释的,本文范围因另有所在,兹姑不喋喋。

如果一个人的趣味跟他的身世、教养等等没有关系,那么他将无常嗜;如果人人无常嗜,则文学杰作之永久性与普遍性将成为不可思议。但事实上,古典作品到今天还为广大读者所爱好。或者有人要说:古典作品因其恢宏博大,包有多方面的趣味,所以能够适应古往今来无数读者各有所偏的嗜好。但这一说,恐亦未必然,古典作品之至今传诵不歇者,亦尽多方面单纯的,而且凡读古典作品者谁又是跳行抽读而只取其一部分呢?

我们的好恶当然与希特勒之流法西斯不同,奴隶主的好恶当然与奴隶不同;好恶不同,当然对于文学作品的趣味就不同了。最大多数人之所好者:自由、平等、博爱。凡因争取此三者而表现之勇敢、坚决与牺牲的精神,凡因说明此三者之可贵而加以暴露的压迫、欺骗、奸诈和卑劣的行为,当然也是最大多数人“兴趣”之所在。文学杰作之永久性和普遍性,应当从这里去说明,所谓超然物外的纯趣味,实际上是没有的。

自来的文学作品,粗粗可分为历史的,当代现实的和幻想的(灵怪变异)三类。历史的与当代现实的两类,都以人事为描写对象,但历史的作品其人其事及其环境,生活方式习惯等等,和当代的现实是有不少距离的;至于幻想的一类,或写鬼神精怪,或以禽兽拟人,总之其对象非人。然而这三类中的杰作,一样可以使人百读不厌。这未必是因为生于今日的人看厌了现代生活而想换换口味罢?真正的原因,恐怕还是在于历史和幻想的作品之杰出者是包含了人们所企求的真理,赞美了人们之所好,而指斥了人们之所恶的。

所以我们的“兴趣”，有时会从现代转到古代，乃至子虚乌有的幻想的世界。我个人爱读的文学作品，就有不少是历史的和幻想的。

在中国古典作品中，很少好的历史小说。虽然“演义”是中国小说的一大宗派，但除了《三国演义》和《水浒传》而外，耐人再三咀嚼的作品好像也不多，而我尤爱《水浒》。这二部大作，虽同属“讲史”之流，不过也有不同之处。《三国演义》被称为“无一事无来历”，此所谓“来历”，主要是前人的记载。《水浒》也有“来历”，却不是前人的记载，而是当时的民间传说。这一点差别，就使得《水浒》中间几个主要人物的性格更为读者所爱好了，描写的技巧，《水浒》也比《三国》更好。例如林冲和杨志，鲁达和武松，都是直写到他们的故事的末了这才性格的发展告一结束。但因他们的故事的发展常常被别人的故事所间隔，所以匆忙的读者每每失却了注意，如果把林冲或杨志的故事首尾自相连接，另写为单独的故事，我以为对于人物性格描写的学习必大有裨益。

大仲马的《三个火枪手》，也是我所爱读的。我读过这书的英文译本，也读过伍光建先生的中译本。伍先生的译本是节本，可是我觉得经他这一节，反更见精彩。

大仲马描写人物的手法，最集中地表现在达特安这个人物的身上。（要研究达特安的性格发展，还须读《达特安三部曲》的第二部即《三个火枪手》的续编《二十年以后》，中文伍译《续侠隐记》。）达特安个性很强，然而又最善于学习他人之所长。达特安从他的朋友们（三个火枪手）身上学取了各人的优点，但朋友们这些优点到达特安那里就更成达特安固有的东西了。我们并看不出他有任何地方像他的朋友，达特安还是达特安，不过已经不是昨日的达特安。而这样的性格发展的过程，完全依伏于故事的发展中，完全不借抽象的心理描写或叙述。

托尔斯泰的《战争与和平》和《安娜·卡列尼娜》不用说也是我最爱读的。关于这两部巨著，值得我们佩服的，就不单是人物性格的描写了。一些大场面——如宴会、打猎、跳舞会、打仗、赛马，都是五色缤纷，在错综中见整齐，而又写得多么自然，毫不见吃力。这不但《水浒》望尘莫及，即大仲马的椽笔比之亦有逊色，然而托翁作品结构之精密，尤可钦佩。以《战争与和平》而言，开卷第一章借一个茶会点出全书主要人物和中心的故事，其后徐徐分头展开，人物愈来愈多，背景则从圣彼得堡到莫斯科，到乡下，到前线，回旋开合，纵横自如，那样的大篇幅，那样多的人物，那样纷纭的事故，始终无冗杂，无脱节。司各特的历史小说写场面，写人物，都不能说人为卓杰，结构也极其谨严，然而终不及托翁的伟大和变化不居。所以我觉得读托翁的大作至少要做三种功夫：一是研究他如何布局（结构），二是研究他如何写人物，三是研究他如何写热闹的大场面。

在幻想的小说中，《西游记》我最喜欢。小时看的第一部“闲书”也就是《西游记》，现在我要是手头别无他书而只有一部《西游记》时，看上了还是放不落手的。神怪小说中国本来很多,但《西游记》之优长,我以为尚不在它的想象的瑰奇(当然这是其他神怪小说之不可及处),而在它所写的神仙精怪都是那么富于人情味,而又特多诙谐。是幻想,然而托根于现实。

没有现实基础的幻想,那就只足供人一时的消遣了,看过以后不想再看第二遍。基于同样的原因,我也喜欢《聊斋志异》中的若干篇。《聊斋》中的鬼狐实在是现实生活中常常遇到的人而无异于禽兽或不如禽兽者。欧洲中世纪的作品《列那狐》的故事(中文有伍光建与郑振铎两先生的译本),也是同类的杰作。大凡托根于现实的幻想的作品,因其诡谲而恣肆,常比直写现实生活者更为动人。幻想作品之不足观者,大抵作者先自存了"画鬼容易画人难"的观念,而欲以偏锋取胜,却不知道为画鬼而画鬼结果是人所不乐观的。尽管想象力丰富,亦不过徒劳而已。

至于反映当代现实的作品,我所爱读的范围就很大了:清末的"谴责小说",当代自鲁迅先生以至各作家的作品,不及列举。我有一个见解:凡同国同时代的作品,对于一个写作者或多或少总有助益,我们从鲁迅的作品固然得的益处很多,但从一位青年作家的作品里,也常有所得。例如一个口语的巧妙的活用,一二新鲜的感觉,新颖的句法,都能够给我们以启迪。即使是描写失败之处,也因其能使我们借鉴而预防,故亦有益。但是同时人的作品如果意图歪曲现实,或只在供人消遣的,那就不是我所愿意聆教的了。

同样,我也抱了这见解去读当代外国人的作品:高尔基和其他苏联的有名作家,巴比塞、萧伯纳、德莱塞,——也曾醉心于罗曼·罗兰。高尔基的作品使我增长了对现实的观察力(这跟鲁迅的作品给我的最大益处是相同的),而其特有的处置题材的手法,也使我在所知的古典作品的手法而外,获见了一个新的境界。可惜不懂原文,英译和中译的高尔基作品,狂妄地批评一句,可使我满意者不多,大概高氏的那种强悍而明快的风格(据一些外国评论家所说)难以表现在非俄罗斯的文字中罢?正如鲁迅作品的风格,在英文译本中总比原文逊色些。

(《名家读书箴言》青岛出版社,2014 年第 1 版)

谈谈怎样读书

王　力

首先谈读什么书。

中国的书是很多的,光古书浩如烟海,一辈子也读不完,所以读书要有选择。清末张之洞写了一本书叫《书目答问》,是为他的学生写的,他的学生等于我们现在的研究生。他说写这本书有三个目的:第一个目的是给这些学生指出一个门径,从何入手;第二个目的是要他们选择良莠,即好不好,好的书才念,不好的书不念;第三个目的是分门别类,再加些注解,以帮学生念书。从《书目答问》看,读书就有个选择的问题,好书才读,不好的就不用读。他开的书单子是很长的,我们今天要求大家把他提到的书都读过也不可能,今天读书恐怕要比《书目答问》提出的书少得多。我们没有那么多时间,因此,选择书很重要。不加选择,如果读的是一本没有用处的书,或者是一本坏书,那就是浪费时间。不只是浪费时间,有时还接受些错误的东西。

到底读什么不读什么?这要根据各人的专业来定。如对搞汉语史的来说,倘若一本书是专门研究"六书"的,或者专门研究什么叫"转注"的,像这样的书就不必去读,因为对研究汉语史没什么帮助。而像《说文段注》《马氏文通》这样的书就不可不读了。因为《马氏文通》是我国最早的一部语法书,而读了《说文段注》,对《说文解字》就容易理解多了,这对研究汉语史很有帮助。读书要有选择,这是第一点,可以叫去粗取精。

第二点叫由博返约。对于由博返约,现在大家不很注意,所以要讲一讲。我们研究一门学问,不能说限定在那一门学问里的书我才念,别的书我不念。你如果不读别的书,只陷在你搞的那一门的书里边,这是很不足取的,一定念不好,因为你的知识面太窄了,碰到别的问题你就不懂了。过去有个坏习惯,研究生只是选个题目,这题目也相当大,但只写论文了,别的书都没念,将来做学问就有很大的局限性。如果来做老师,那就更不好了。搞汉语史的,除了关于汉语史的一些书要读,还有很多别的书也要读,首先是历史,其次是文学。多啦,还是应该从博到专,即所谓由博返约。

第三点,要厚今薄古。这是什么意思呢?这是因为前人的书,如果有好的,现代人已经研究,并加以总结和发挥了。我们念今人的书,古人的书也包括在里边了。如果这书质量不高,没什么价值,那就大可不念。《书目答问》中就提到过这一点,张之洞说,他选的大多是清朝的书,有些古书,也是经清朝人整理并加注解的,比如经书,十三经,也是经清朝人整理并加注解的。从前,好的书经清朝人整理就行了,不好的书,清朝人就不管它了。他的意思,也就是我上面说的那个意思。他的话可适用于现在,并不需要把很多古书都读完,那也做不到。

再谈谈怎样读书。

首先,应当读书的序例,即序文和凡例。过去我们有个坏习惯,以为看正文就行了,序例可以不看。其实序例里有很多好东西。序常常讲到写书的纲领、目的。替别人作序的,还讲书的优点。凡例是作者认为应该注意的地方。这些都很好,而我们常常忽略。《说文段注》的序是在最后的,我建议你们念《说文段注》时应该把序提到前面来念。《说文序》,段玉裁也加了注,更应该念。《说文段注》有王念孙的序,很重要。主要讲《说文段注》之所以写得好,是因为作者讲究音韵,掌握了古音,能从音到义。王念孙的序把段注整部书的优点都讲了。再如《马氏文通》的序和凡例是很好的东西,序里有句话:"会集众字以成文,其道终不变。"意思是说许多单词集合起来就成文章了,它的道理永远不变。他上面讲到了字形常有变化,字音也常有变化,只有语法自始至终是一样的。当然,他这话并不全面,语法也会有变化的,但他讲了一个道理,即语法的稳定性。他们的语法自古至今变化不大,比起语音的变化差得远,语法有它的稳定性。另外,序里还有一句话:"字之部分类别,与夫字与字相配成句之义。"这句意思是说研究语法,首先要分词类,然后是这些词跟词怎么搭配成为句子。语法就是讲这个东西,这句话把语法的定义下了,这定义至少对汉语是适用的。《马氏文通》的凡例更重要。里边说,《孟子》有两句话:"亲之欲其贵也,爱之欲其富也。""之"是"他"的意思,"其"也是"他"的意思。为什么不能互换呢?又如《论语》里有两句话:"爱之能勿劳乎?忠焉能勿诲乎?"两句格式很相像,为什么一句用"之",一句用"焉"?《论语》里还有两句话:"俎豆之事,则尝闻之矣;军旅之事,则未之学也。"这两句话也差不多,为什么一句用"矣",一句用"也"呢?这你就非懂语法不可。不懂,这句话就不能解释。从前人念书,都不懂这些,谁也不知道提出这个问题来,更不知怎么解答了。这些问题从语法上很好解释。根据马氏说法,参照我的意见,可以这样解释:"亲之欲其贵也,……"为什么"之""其"不能互换,因为"之"只能用作宾语,"其"相反,不能作宾语。"之""其"的任务是区别开的,所以不能互换。"爱之能勿劳乎,忠焉能勿诲乎?"为什么前一句用"之",后一句用"焉"?因为"爱"是及物动词,"忠"是不及物动词,"爱"及物,用"之","之"是直接宾语;"忠"不及物,只能用"焉",因为"焉"是间接宾语。再有,"俎豆之事,则尝闻之矣;军旅之事,则未之学也。""矣"是表示既成事实,事情已完成,未之学也,是说这事没完成,没这事,所以不能用"矣",只能用"也"。凡没完成的事，只能用“也”，不能用“矣”。从语法讲，很清楚。不懂语法，古汉语无从解释。他这样一个凡例有什么好处呢？说明了人们为什么要学语法，他为什么要写一本语法书，不单是(《说文段注》和《马氏文通》)这两部书，别的书也一样，看书必须十分注意序文和凡例。

其次，要摘要作笔记。现在人们喜欢在书的旁边圈点，表示重要。这个好，但是还不够，最好把重要的地方抄下来。这有什么好处呢？张之洞《书目答问》中有一句话很重要，他说：“读书不知要领，劳而无功。”一本书什么地方重要，什么地方不重要，你看不出来，那就劳而无功，你白念了。现在有些人念书能把有用的东西吸收进去，有的人并没有吸收进去，看是看了，却都忘了。为什么？因为他就知道看，不知道什么地方是好的，什么地方是最重要的，最精彩的，即张之洞所谓的要领，他不知道，这个书就白念了。这些人就知道死记硬背，背得很多，背下来有没有用处呢？也还是没有用处，这叫劳而无功。有些人并不死记硬背，有些地方甚至马马虎虎就看过去了，但念到重要的地方他就一点不放过，把它记下来。所以读书要摘要作笔记。

第三点，应当考虑着作眉批，在书的天头加自己的评论。看一本书，如果自己一点意见都没有，可以说你没有好好看，你好好看，总会有些意见的。所以最好在书眉，又叫天头，即书上边空的地方作些眉批。试试看，我觉得这本书什么地方好，什么地方不合适，都可以加上评论。从前我念过的那本《马氏文通》，上边都写有眉批，那时我才26岁，也是在清华当研究生。我在某一点上不同意书的意见，有我自己的看法，就都写在上边了。今天拿来看，有些批的是对的，有些批错了，但没关系，因为经过了自己的考虑。批人家，自己就得用一番心思，这样，对那本书的印象就特别深。自己做眉批，可以帮你读书，把书的内容吸收进去。现在，我们自买不到书，也可用另外的办法，把记笔记和写书评结合在一起，把书评写在笔记里边，这样很方便。准备一个笔记本，一方面把书里重要的地方记下来，另一方面，某些地方我不同意书里的讲法，可以写上一段自己的看法，表示自己的意思，把笔记眉批并为一个东西。

另外，要写读书报告，如果你作了笔记，又作了眉批，读书报告就很好写了。最近看了一篇文章，一篇很好的读书报告，就是赵振铎的《读〈广雅疏证〉》，可以向他学习。《广雅疏证》是怎么写的，有什么优点，他都讲到了。像这样写个读书报告就很好，好的读书报告简直就是一篇好的学术论文。

（《名家读书箴言》青岛出版社，2014 年第 1 版）

书

梁实秋

从前的人喜欢夸耀门第，纵不必家世贵显，至少也要是书香人家才能算是相当的门望。书而曰香，盖亦有说。从前的书，所用纸张不外毛边连史之类，加上松烟油墨，天长日久密不通风自然生出一股气味，似沉檀非沉檀，更不是桂馥兰薰，并不沁人脾胃，亦不特别触鼻，无以名之，名之曰书香。书斋门窗紧闭，乍一进去，书香特别浓，以后也就不大觉得。现代的西装书，纸墨不同，好像有一股煤油味，不好说是书香了。

不管香不香，开卷总是有益。所以世界上有那么多有书癖的人，读书种子是不会断绝的。买书就是一乐，旧日北平琉璃厂隆福寺街的书肆最是诱人，你迈进门去向柜台上的伙计点点头便直趋后堂，掌柜的出门迎客，分宾主落座，慢慢地谈生意。不要小觑那位书贾，关于目录版本之学他可能比你精。搜访图书的任务，他代你负担，只要他摸清楚了你的路数，一有所获立刻专人把样函送到府上，合意留下翻看，不合意他拿走，和和气气，书价么，过节再说。在这样情形之下，一个读书人很难不染上"书淫"的毛病，等到四面卷轴盈满，连坐的地方都不容易匀让出来，那时候便可以顾盼自雄，酸溜溜地自叹"丈夫拥书万卷，何假南面百城"。现代我们买书比较方便，但是搜访的乐趣，搜访而偶有所获的快感，都相当地减少了。挤在书肆里浏览图书，本来应该是像牛吃嫩草，不慌不忙的，可是若有店伙眼睛紧盯着你，生怕你是一名雅贼，你也就不会怎样的从容，还是早些离开这是非之地好些，更有些书不裁毛边，干脆拒绝翻阅。

"郝隆七月七日，出日中仰卧，人问其故，曰：'我晒书'。"（见《世说新语》）郝先生满腹诗书，晒书和日光浴不妨同时举行。恐怕那时候的书在数量上也比较少，可以装进肚里去。司马温公也是很爱惜书的，他告诫儿子说："吾每岁以上伏及重阳间视天气晴明日，即净几案于当日所，侧群书其上以晒其脑。所以年月虽深，从不损动。"书脑即是书的装订之处，翻页之处则曰书口。司马温公看书也有考究，他说："至于启卷，必先几案洁净，藉以茵褥，然后端坐看之。或欲行看，即承以方版，未曾敢空手捧之，非惟手污渍及，亦虑触动其脑。每至看竟一版，即侧右手大指面衬其沿，随覆以次指面，捻而夹过，故得不至揉熟其纸。每见汝辈多以指爪撮起，甚非吾意。"（见《宋稗类钞》）我们如今的图书不这样名贵，并且装订技术进步，不像宋朝的"蝴蝶装"那样的娇嫩，但是读书人通常还是爱惜他的书，新书到手先裹上一个包皮，要晒，要揩，要保管。我也看见过名副其实的收藏家，爱书爱到根本不去读它的程度，中国书则锦函牙签，外国书则皮面金字，庋置柜橱，满室琳琅，真好像是琅嬛福地，书变成了陈设、古董。

有人说："借书一痴，还书一痴。"有人分得更细："借书一痴，惜书二痴，索书三痴，还书四痴。"大概都是有感于书之有借无还。书也应该深藏若虚，不可慢藏诲盗。最可恼的是全书一套借去一本，久假不归，全书成了残本。明人谢肇淛编《五杂俎》，记载一位"虞参政藏书数万卷，贮之一楼，在池中央，小木为彴，夜则去之。榜其门曰：'楼不延客，书不借人。'"这倒是好办法，可惜一般人难得有此设备。

读书乐，所以有人一卷在手往往废寝忘食。但是也有人一看见书就哈欠连连，以看书为最好的治疗失眠的方法。黄庭坚说："人不读书，则尘俗生其间，照镜则面目可憎，对人则语言无味。"这也要看所读的是些什么书。如果读的尽是一些猥亵的东西，其人如何能有书卷气之可言？宋真宗皇帝的劝学文，实在令人难以入耳："富家不用买良田，书中自有千钟粟；安居不用架高堂，书中自有黄金屋；出门莫恨无人随，书中车马多如簇；娶妻莫恨无良媒，书中自有颜如玉；男儿欲遂平生志，六经勤向窗前读。"不过是把书当作敲门砖以遂平生之志，勤读六经，考场求售而已。十载寒窗，其中只是苦，而且吃尽苦中苦，未必就能进入佳境。倒是英国十九世纪罗斯金，在他的《芝麻与白百合》第一讲里，劝人读书尚友古人，那一番道理不失雅人深致。古圣先贤，成群的名世的作家，一年四季地排起队来立在书架上面等候你来点唤，呼之即来挥之即去。行吟泽畔的屈大夫，一邀就到；饭颗山头的李白、杜甫也会联袂而来；想看外国戏，环球剧院的拿手好戏都随时承接堂会；亚里士多德可以把他逍遥廊下的讲词对你重述一遍。这真是读书乐。

我们国内某一处的人最好赌博，所以讳言书，因为书与输同音，读书曰读胜。基于同一理由，许多地方的赌桌旁边忌人在身后读书。人生如博弈，全副精神去应付，还未必能操胜算。如果沾染上书癖，势必呆头呆脑，变成书呆，这样的人在人生的战场之上怎能不大败亏输？所以我们要钻书窟，也还要从书窟里钻出来。朱晦庵有句："书册埋头何日了，不知抛却去寻春。"是见道语，也是老实话。

（《名家读书箴言》青岛出版社，2014 年第 1 版）

影响我的几本书

梁实秋

我喜欢书，也还喜欢读书，但是病懒，大部分时间荒嬉掉了！所以实在没有读过多少书。年届而立，才知道发愤，已经晚了。几经丧乱，席不暇暖，像董仲舒三年不窥园，米尔顿五年隐于乡，那样有良好环境专心读书的故事，我只有艳羡。多少年来所读之书，随缘涉猎，未能专精，故无所成。然亦间有几部书对于我个人为学做人之道不无影响。究竟哪几部书影响较大，我没有思量过，直到八年前有一天邱秀文来访问我，她提出了这么一个问题，她问我所读之书有哪几部使我受益较大。我略为思索，举出七部书以对，略加解释，语焉不详。邱秀文记录得颇为翔实，亏她细心地联缀成篇，并以标题"梁实秋的读书乐"，后来收入她的一个小册《智者群像》，由时报文化出版公司出版。最近联副推出一系列文章，都是有关书和读书的，编者要我也插上一脚，并且给我出了一个题目"影响我的几本书"。我当时觉得自己好像是一个考生，遇到考官出了一个我不久以前作过的题目，自以为驾轻就熟，写起来省事，于是色然而喜，欣然应命。题目像是旧的，文字却是新的。这便是我写这篇东西的由来。

《水浒传》

第一部影响我的书是《水浒传》。我在十四岁进清华才开始读小说，偷偷地读，因为那时候小说被目为"闲书"，在学校里看小说是悬为厉禁的。但是我禁不住诱惑，偷闲在海淀一家小书铺买到一部《绿牡丹》，密密麻麻的小字光纸石印本，晚上钻在蚊帐里偷看，也许近视眼就是这样养成的。抛卷而眠，翌晨忘记藏起，查房的斋务员在枕下一摸，手到擒来。斋务主任陈筱田先生唤我前去应询，瞪着大眼厉声叱问："这是嘛?"(天津话"嘛"就是"什么")随后把书往地上一丢，说"去吧!"算是从轻发落，没有处罚，可是我忘不了那被叱责的耻辱。

我不怕，继续偷看小说，又看了《肉蒲团》《灯草和尚》《金瓶梅》等等。这几部小说，并不使我满足，我觉得内容庸俗、粗糙、下流。直到我读到《水浒传》才眼前一亮，觉得这是一部伟大的作品，不愧金圣叹称之为第五才子书，可以和庄、骚、史记、杜诗并列。我一读,再读,三读,不忍释手。曾试图默诵一百零八条好汉的姓名绰号,大致不差(并不是每一人物都栩栩如生,精彩的不过五分之一,有人说每一个人物都有特色,那是夸张)。也曾试图搜集香烟盒里(是大联珠还是前门?)一百零八条好汉的图片。

这部小说实在令人着迷。水浒作者施耐庵在元末以赐进士出身,生卒年月不详,一生经历我们也不得而知。这没有关系,我们要读的是书。有人说水浒作者是罗贯中,根本不是他,这也没有关系,我们要读的是书。水浒有七十回本,有一百回本,有一百十五回本,有一百二十回本,问题重重;整个故事是否早先有过演化的历史而逐渐形成的,也很难说;故事是北宋淮安大盗一伙人在山东寿张县梁山泊聚义的经过,有多大部分与历史符合有待考证。凡此种种都不是顶重要的事。《水浒传》的主题是"官逼民反,替天行道"。一个个好汉直接间接地吃了官的苦头,有苦无处诉,于是铤而走险,逼上梁山,不是贪图山上的大碗酒大块肉。

官,本来是可敬的。奉公守法公忠体国的官,史不绝书。可是一朝权在手便把令来行的贪污枉法的官却也不在少数。人踏上仕途,很容易被污染,会变成为另外一种人,他说话的腔调会变,他脸上的筋肉会变,他走路的姿势会变,他的心的颜色有时候也会变。"尔俸尔禄,民脂民膏",过骄奢的生活,成特殊阶级,也还罢了,若是为非作歹,鱼肉乡民,那罪过可大了。水浒写的是平民的一股怨气。不平则鸣,容易得到读者的同情,有人甚至不忍责怪那些非法的杀人放火的勾当。有人以终身不入官府为荣,怨毒中人之深可想。

较近的叛乱事件,义和团之乱是令人难忘的。我生于庚子后二年,但是清廷的糊涂,八国联军之肆虐,从长辈口述得知梗概。义和团是由洋人教士勾结官府压迫人民所造成的,其意义和梁山泊起义不同,不过就其动机与行为而言,我怜其愚,我恨其妄,而又不能不寄予多少之同情。义和团不可以一个"匪"字而一笔抹煞。英国俗文学中之罗宾汉的故事,其劫强济贫目无官府的游侠作风之所以能赢得读者的赞赏,也是因为它能伸张一般人的不平之感。我读了水浒之后,我认识了人间的不平。

我对于水浒有一点极为不满。作者好像对于女性颇不同情。水浒里的故事对于所谓奸夫淫妇有极精彩的描写,而显然的对于女性特别残酷。这也许是我们传统的大男人主义,一向不把女人当人,即使当作人也是次等的人。女人有所谓贞操,而男人无。水浒为人抱不平,而没有为女人抱不平。这虽不足为水浒病,但是水浒对于欣赏其不平之鸣的读者在影响上不能不打一点折扣。

《胡适文存》

第二部书该数《胡适文存》。胡先生生在我们同一时代,长我十一岁,我们很容易忽略其伟大,其实他是我们这一代人在思想学术道德人品上最为杰出的一个。我读他的文存的时候,我尚在清华没有卒业。他影响我的地方有三:

一是他的明白清楚的白话文。明白清楚并不是散文艺术的极致,却是一切散文必须具备的起码条件。他的《文学改良刍议》,现在看起来似嫌过简,在当时是震聋发聩的巨著。他对白话文学史的看法,他对于文学(尤其是诗)的艺术的观念,现在看来都有问题。例如他直到晚年还坚持地说律诗是“下流”的东西,骈四俪六当然更不在他眼里。这是他的偏颇的见解。可是在五四前后,文章写得像他那样明白晓畅不枝不蔓的能有几人?我早年写作,都是以他的文字作为模仿的榜样。不过我的文字比较杂乱,不及他的纯正。

二是他的思想方法。胡先生起初倡导杜威的实验主义,后来他就不弹此调。胡先生有一句话,“不要被别人牵着鼻子走!”像是给人的当头棒喝。我从此不敢轻信人言。别人说的话,是者是之,非者非之,我心目中不存有偶像。胡先生曾为文批评时政,也曾为文对什么主义质疑,他的几位老朋友劝他不要发表,甚至要把已经发排的稿件擅自抽回,胡先生说:“上帝尚且可以批评,什么人什么事不可批评?”他的这种批评态度是可佩服的。从大体上看,胡先生从不侈言革命,他还是一个“儒雅为业”的人,不过他对于往昔之不合理的礼教是不惜加以批评的。曾有人家里办丧事,求胡先生“点主”,胡先生断然拒绝,并且请他阅看《胡适文存》里有关“点主”的一篇文章,其人读了之后翕然诚服。胡先生对于任何一件事都要寻根问底,不肯盲从。他常说他有考据癖,其实也就是独立思考的习惯。

三是他的认真严肃的态度。胡先生说他一生没写过一篇不用心写的文章,看他的文存就可以知道确是如此,无论多小的题目,甚至一封短札,他也是像狮子搏兔似的全力以赴。他在庐山偶然看到一个和尚的塔,他作了八千多字的考证。他对于《水经注》所下的功夫是惊人的。曾有人劝他移考证《水经注》的功夫去做更有意义的事,他说不,他说他这样做是为了要把研究学问的方法传给后人。我对于《水经注》没有兴趣,胡先生的著作我没有不曾读过的,唯《水经注》是例外。可是他治学为文之认真的态度,是我认为应该取法的。

有一次他对几个朋友说,写信一定要注明年月日,以便查考。我们明知我们的函件将来没有人会来研究考证,何必多此一举?他说不,要养成这个习惯。我接受他的看法,年月日都随时注明。有人写信谨注月日而无年份,我看了便觉得缺憾。我译莎士比亚,大家知道,是由于胡先生的倡导。当初约定一年译两本,二十年完成,可是我拖了三十年。胡先生一直关注这件工作,有一次他由台湾飞到美国,他随身携带在飞机上阅读的书包括《亨利四世·下篇》的译本。他对我说他要看看中译的莎士比亚能否令人看得下去。我告诉他,能否看得下去我不知道,不过我是认真翻译的,没有随意删略，没敢潦草。他说俟全集译完之日为我举行庆祝，可惜那时他已经不在了。

《卢梭与浪漫主义》

第三本书是白璧德的《卢梭与浪漫主义》。白璧德（Irving Babbitt）是哈佛大学教授，是一位与时代潮流不合的保守主义学者，我选过他的《英国十六世纪以后的文学批评》一课，觉得他很有见解，不但有我们前所未闻的见解，而且是和我自己的见解背道而驰。于是我对他发生了兴趣。我到书店把他的著作五种一股脑儿买回来读，其中最有代表性的是他的这一本《卢梭与浪漫主义》。他毕生致力于批判卢梭及其代表的浪漫主义，他针砭流行的偏颇的思想，总是归根到卢梭的自然主义。有一幅漫画讽刺他，画他匍匐地面揭开被单窥探床下有无卢梭藏在底下。

白璧德的思想主张，我在《学衡》杂志所刊吴宓、梅光迪几位介绍文字中已略为知其一二，只是《学衡》固执地使用文言，对于一般受了五四洗礼的青年很难引起共鸣。我读了他的书，上了他的课，突然感到他的见解平正通达而且切中时弊。我平素心中蕴结的一些浪漫情操几为之一扫而空。我开始省悟，五四以来的文艺思潮应该根据历史的透视而加以重估。我在学生时代写的第一篇批评文字《中国现代文学之浪漫的趋势》就是在这个时候写的。随后我写的《文学的纪律》《文人有行》，以至于较后对于辛克莱《拜金艺术》的评论，都可以说是受了白璧德的影响。

白璧德对东方思想颇有渊源，他通晓梵文经典及儒家与老庄的著作。《卢梭与浪漫主义》有一篇很精彩的附录论老庄的"原始主义"，他认为卢梭的浪漫主义颇有我国老庄的色彩。白璧德的基本思想是与古典的人文主义相呼应的新人文主义。他强调人生三境界，而人之所以为人在于他有内心的理性控制，不令感情横决。这就是他念念不忘的人性二元论。中庸所谓"天命之谓性，率性之谓道，修道之谓教"，孔子所说的"克己复礼"，正是白璧德所乐于引证的道理。他重视的不是élanvital（柏格森所谓的"创造力"）而是élanfroin（克制力）。一个人的道德价值，不在于做了多少事，而是在于有多少事他没有做。

白璧德并不说教，他没有教条，他只是坚持一个态度——健康与尊严的态度。我受他的影响很深，但是我不曾大规模地宣扬他的作品。我在新月书店曾经辑合《学衡》上的几篇文字为一小册印行，名为《白璧德与人文主义》，并没有受到人的注意。若干年后，宋淇先生为美国新闻处编译一本《美国文学批评》，其中有一篇是《卢梭与浪漫主义》的一章，是我应邀翻译的，题目好像是《浪漫的道德》。三十年代左倾仁兄们鲁迅及其他谥我为"白璧德的门徒"，虽只是一顶帽子，实也当之有愧，因为白璧德的书并不容易读，他的理想很高也很难身体力行，称为门徒谈何容易！

《隽语与谶言》

第四本书是叔本华的《隽语与谶言》(*Maxims and Counsels*)。这位举世闻名的悲观哲学家,他的主要作品 *The World As Will And Idea* 我没有读过,可是这部零零碎碎的札记性质的书却给我莫大的影响。

叔本华的基本认识是:人生无所谓幸福,不痛苦便是幸福。痛苦是真实的,存在的,积极的;幸福则是消极的,并无实体的存在。没有痛苦的时候,那种消极的感受便是幸福。幸福是一种心理状态,而非实质的存在。基于此种认识,人生努力方向应该是尽量避免痛苦,而不是追求幸福,因为根本没有幸福那样的一个东西。能避免痛苦,幸福自然就来了。

我不觉得叔本华的看法是诡辩。不过避免痛苦不是一件简单的事,需要慎思明辨,更需要当机立断。

《对文明的反叛》

第五部书是斯陶达的《对文明的反叛》(*Lothrop Stoddard*:*The Revolt against Civilization*)。这不是一部古典名著,但是影响了我的思想。民国十四年,潘光旦在纽约哥伦比亚大学念书,住在黎文斯通大厦,有一天我去看他,他顺手拿起这一本书,竭力推荐要我一读。光旦是优生学者,他不但赞成节育,而且赞成"普罗列塔利亚"少生孩子,优秀的知识分子多生孩子,只有这样做,民族的品质才有希望提高。一人一票的"德谟克拉西"(民主政治)是不合理的,古希腊的"亚里士多克拉西"(贵族政治)较近于理想。他推崇孔子,但不附和孟子的平民之说。他就是这样有坚定信念而非常固执的一位学者。他郑重推荐这一本书,我想必有道理,果然。

斯陶达的生平不详,我只知道他是美国人,一八八三年生,一九五〇年卒,《对文明的反叛》出版于一九二二年,此外还有《欧洲种族的实况》(一九二四年)、《欧洲与我们的钱》(一九三二年)及其他。这本《对文明的反叛》的大意是:私有财产为人类文明的基础。有了私有财产的制度,然后人类生活型态,包括家庭的、社会的、政治的、经济的各方面,才逐渐地发展而成为文明。马克斯与恩格斯于一八四八年发表的一个小册子《共产党宣言》声言私有财产为一切罪恶的根源,要彻底地废除私有财产制度,言激而辩。斯陶达认为这是反叛文明,是对整个人类文明的打击。

文明发展到相当阶段会有不合理的现象,也可称之为病态。所以有心人就要想法改良补救,也有人就想象一个理想中的黄金时代,悬为希望中的目标。《礼记·礼运》

所谓的“大同”，虽然孔子说“大道之行也，与三代之英，丘未之逮也”，实则大同乃是理想世界，在尧舜时代未必实现过，就是禹、汤、文武周公的“小康之治”恐怕也是想当然耳。西洋哲学家如柏拉图、如斯多亚派创始者季诺（Zeno）、如陶斯玛·摩尔，及其他，都有理想世界的描写。耶稣基督也是常以慈善为教，要人共享财富。许多教派都不准僧侣自蓄财产。英国诗人柯律芝与骚赛（Coleridge and Southey）在一七九四年根据卢梭与高德文（Godwin）的理想居然想到美洲的宾夕法尼亚去创立一个共产社区，虽然因为缺乏经费而未实现，其不满于旧社会的激情可以想见。不满于文明社会之现状，是相当普遍的心理。凡是有同情心和正义感的人对于贫富悬殊壁垒分明的现象无不深恶痛绝。不过从事改善是一回事，推翻私有财产制度又是一回事。至若以整个国家甚至以整个世界孤注一掷地做一个渺茫的理想的实验，那就太危险了。文明不是短期能累积起来的，却可毁灭于一旦。斯陶达心所谓危，所以写了这样的一本书。

《六祖坛经》

第六部书是《六祖坛经》。我与佛教本来毫无瓜葛。抗战时在北碚缙云山上缙云古寺偶然看到太虚法师领导的汉藏理学院，一群和尚在翻译佛经，香烟缭绕，案积贝多树叶帖帖然，字斟句酌，庄严肃穆。佛经的翻译原来是这样谨慎而神圣的，令人肃然起敬。知客法舫，彼此通姓名后得知他是《新月》的读者，相谈甚欢，后来他送我一本他作的《〈金刚经〉讲话》，我读了也没有什么领悟。三十八年我在广州，中山大学外文系主任林文铮先生是一位狂热的密宗信徒，我从他那里借到《六祖坛经》，算是对于禅宗作了初步的接触，谈不上了解，更谈不到开悟。在丧乱中我开始思索生死这一大事因缘。在六榕寺瞻仰了六祖的塑像，对于这位不识字而能顿悟佛理的高僧有无限的敬仰。

《六祖坛经》不是一人一时所作，不待考证就可以看得出来，可是禅宗大旨尽萃于是。禅宗主张不立文字，但阐明宗旨还是不能不借重文字。据我浅陋的了解，禅宗主张顿悟，说起来简单，实则甚为神秘。棒喝是接引的手段，公案是参究的把鼻。说穿了即是要人一下子打断理性的逻辑的思维，停止常识的想法，蓦然一惊之中灵光闪动，于是进入一种不思善不思恶无生无死不生不死的心理状态。在这状态之中得见自心自性，是之谓明心见性，是之谓言下顿悟。

有一次我在胡适之先生面前提起铃木大拙，胡先生正色曰：“你不要相信他，那是骗人的！”我不作如是想。铃木不像是有意骗人，他可能确是相信禅宗顿悟的道理。胡先生研究禅宗历史十分渊博，但是他自己没有做修持的功夫，不曾深入禅宗的奥秘。事实上他无法打入禅宗的大门，因为禅宗大旨本非理性的文字所能解析说明，只能用简略的象征的文字来暗示。在另一方面,铃木也未便以胡先生为门外汉而加以轻蔑。因为一进入文字辩论的范围便必须使用理性的逻辑的方式才足以服人。禅宗的境界用理性逻辑的文字怎样解释也说不明白,须要自身体验,如人饮水,冷暖自知。所以我看胡适铃木之论战根本是不必要的,因为两个人不站在一个层次上。一个说有鬼,一个说没有鬼,能有结论么?

我个人平素的思想方式近于胡先生类型,但是我也容忍不同的寻求真理的方法。《哈姆雷特》一幕二景,哈姆雷特见鬼之后对于来自威吞堡的学者何瑞修说:"宇宙间无奇不有,不是你的哲学全能梦想得到的。"我对于禅宗的奥秘亦作如是观。《六祖坛经》是我最初亲近的佛书,带给我不少喜悦,常引我作超然的遐思。

《英雄与英雄崇拜》

第七部书是卡赖尔的《英雄与英雄崇拜》(*Carlyle*:*On Heroes Hero worship and The Heroic in History*)原是一系列的演讲,刊于一八四一年。卡赖尔的文笔本来是汪洋恣肆,气势不凡,这部书因为原是讲稿,语气益发雄浑,滔滔不绝的有雷霆万钧之势。他所谓的英雄,不是专指搴旗斩将攻城略地的武术高超的战士而言,举凡卓越等伦的各方面的杰出人才,他都认为是英雄,神祇、先知、国王、哲学家、诗人、文人都可以称为英雄,如果他们能做人民的领袖、时代的前驱、思想的导师。

卡赖尔对于人类文明的历史发展有一基本信念,他认为人类文明是极少数的领导人才所创造的。少数的杰出人才有所发明,于是大众跟进。没有睿智的领导人物,浑浑噩噩的大众就只好停留在浑浑噩噩的状态之中。证之于历史,确是如此。这种说法和孙中山先生所说"先知先觉、后知后觉、不知不觉",若合符节。卡赖尔的说法,人称之为"伟人学说"(Great Man Theory)。他说政治的妙谛在于如何把有才智的人放在统治者的位置上去。他因此而大为称颂我们的科举取士的制度。不过他没注意到取士的标准大有问题,所取之士的品质也就大有问题。好人出头是他的理想,他们憧憬的是贤人政治。他怕听"拉平者"(Levellers)那一套议论,因为人有贤不肖,根本不平等。尽管尽力拉平世间的不平等的现象,领导人才与人民大众对于文明的贡献究竟不能等量齐观。

我接受卡赖尔的伟人学说,但是我同时强调伟人的品质。尤其是政治上的伟人责任重大,如果他的品质稍有问题,例如轻言改革,囿于私见,涉及贪婪,用人不公,立刻就会灾及大众,祸国殃民。所以我一面崇拜英雄,一面深厌独裁。我愿他泽及万民,不愿他成为偶像。卡赖尔不信时势造英雄,他相信英雄造时势。我想是英雄与时势交相影响。卡赖尔受德国菲士特(Fichte)的影响,以为一代英雄之出世涵有"神意"(divineidea)，又受喀尔文(Calvin)一派清教思想的影响，以为上帝的意旨在指挥英雄人物。这种想法现已难以令人相信。

《沉思录》

第八部书是玛克斯·奥瑞利斯(Marcus Aurelius Antoninus)的《沉思录》(*Meditations*)，这是西洋斯托亚派哲学最后一部杰作，原文是希腊文，但是译本极多，单是英文译本自十七世纪起至今已有二百多种。在我国好像注意到这本书的人不多。我在民国四十八年将此书译成中文，由协志出版公司印行。作者是一千八百多年前的罗马帝国的皇帝，以皇帝之尊而成为苦修的哲学家，并且给我们留下这样的一部书真是奇事。

斯托亚派哲学涉及三个部门：物理学、论理学、伦理学。这一派的物理学，简言之，即是唯物主义加上泛神论，与柏拉图之以理性概念为唯一真实存在的看法正相反。斯托亚派认为只有物质的事物才是真实的存在，但是物质的宇宙之中偏存着一股精神力量，此力量以不同的形式出现，如人，如气，如精神，如灵魂，如理性，如主宰一切的原理，皆是。宇宙是神，人所崇奉的神祇只是神的显示。神话传说全是寓言。人的灵魂是从神那里放射出来的，早晚还要回到那里去。主宰一切的神圣原则即是使一切事物为了全体利益而合作。人的至善的理想即是有意识地为了共同利益而与天神合作。

至于这一派的论理学则包括两部分，一是辩证法，一是修辞学，二者都是思考的工具，不太重要。

玛克斯最感兴趣的是伦理学。按照这一派哲学，人生最高理想是按照宇宙自然之道去生活。所谓"自然"不是任性放肆之意，而是上面说到的宇宙自然。人生除了美德无所谓善，除了罪行无所谓恶。美德有四：一为智慧，所以辨善恶；二为公道，以便应付一切悉合分际；三为勇敢，藉以终止痛苦；四为节制，不为物欲所役。人是宇宙的一部分，所以对宇宙整体负有义务，应随时不忘本分，致力于整体利益。有时自杀也是正当的，如果生存下去无法善尽做人的责任。

《沉思录》没有明显地提示一个哲学体系，作者写这本书是在做反省的功夫，流露出无比的热诚。我很向往他这样的近于宗教的哲学。他不信轮回不信往生，与佛说异，但是他对于生死这一大事因缘却同样地不住地叮咛开导。佛示寂前，门徒环立，请示以后当以谁为师，佛说："以戒为师。"戒为一切修行之本，无论根本五戒、沙弥十戒、比丘二百五十戒，以及菩萨十重四十八轻之性戒，其要义无非是克制。不能持戒，还说什么定慧？佛所斥为外道的种种苦行，也无非是戒的延伸与歪曲。斯托亚派的这部杰作坦示了一个修行人的内心了悟，有些地方不但可与佛说参证，也可以和我国传统的"天行健，君子以自强不息"以及"克己复礼"之说相印证。

英国十七世纪剧作家范伯鲁(Vanbrugh)的《旧病复发》(*Relapse*)里有一个愚蠢的花花大少浮平顿爵士(Lord Foppington),他说了一句有趣的话:"读书乃是以别人脑筋制造出的东西以自娱。我以为有风度有身份的人可以凭自己头脑流露出来的东西而自得其乐。"书是精神食粮。食粮不一定要自己生产,自己生产的不一定会比别人生产的好。而食粮还是我们必不可或缺的。

书像是一股洪流,是多年来多少聪明才智的人点点滴滴的汇集而成,很难得有人能毫无凭藉地立地涌现出一部书。读书如交友,也靠缘分,吾人有缘接触的书各有不同。我读书不多,有缘接触了几部难忘的书,有如良师益友,获益匪浅,略如上述。

(《阅读的盛宴》新世界出版社,2015 年第 1 版)

论百读不厌

朱自清

前些日子参加了一个讨论会,讨论赵树理先生的《李有才板话》。座中一位青年提出了一件事实:他读了这本书觉得好,可是不想重读一遍。大家费了一些时候讨论这件事实。有人表示意见,说不想重读一遍,未必减少这本书的好,未必减少它的价值。但是时间匆促,大家没有达到明确的结论。一方面似乎大家也都没有重读过这本书,并且似乎从没有想到重读它。然而问题不但关于这一本书,而是关于一切文艺作品。为什么一些作品有人"百读不厌",另一些却有人不想读第二遍呢?是作品的不同吗?是读的人不同吗?如果是作品不同,"百读不厌"是不是作品评价的一个标准呢?这些都值得我们思索一番。

苏东坡有《送章(安)惇秀才失解西归》诗,开头两句是:

旧书不厌百回读,熟读深思子自知。

"百读不厌"这个成语就出在这里。"旧书"指的是经典,所以要"熟读深思"。《三国志·魏志·王肃传·注》:

人有从(董遇)学者,遇不肯教,而云"必当先读百遍",言"读书百遍而意自见"。

经典文字简短,意思深长,要多读,熟读,仔细玩味,才能了解和体会。所谓"意自见","子自知",着重自然而然,这是不能着急的。这诗句原是安慰和勉励那考试失败的章惇秀才的话,劝他回家再去安心读书,说"旧书"不嫌多读,越读越玩味越有意思。固然经典值得"百回读",但是这里着重的还在那读书的人。简化成"百读不厌"这个成语,却就着重在读的书或作品了。这成语常跟另一成语"爱不释手"配合着,在读的时候"爱不释手",读过了以后"百读不厌"。这是一种赞词和评语,传统上确乎是一个评价的标准。当然,"百读"只是"重读""多读""屡读"的意思,并不一定一遍接着一遍地读下去。

经典给人知识,教给人怎样做人,其中有许多语言的、历史的、修养的课题,有许多注解,此外还有许多相关的考证,读上百遍,也未必能够处处贯通,教人多读是有道理的。但是后来所谓"百读不厌",往往不指经典而指一些诗,一些文,以及一些小说;这些作品读起来津津有味,重读、屡读也不腻味,所以说"不厌";"不厌"不但是"不讨厌”,并且是“不厌倦”。诗文和小说都是文艺作品,这里面也有一些语言和历史的课题,诗文也有些注解和考证;小说方面呢,却直到近代才有人注意这些课题,于是也有了种种考证。但是过去一般读者只注意诗文的注解,不大留心那些课题,对于小说更其如此。他们集中在本文的吟诵或浏览上。这些人吟诵诗文是为了欣赏,甚至于只为了消遣,浏览或阅读小说更只是为了消遣,他们要求的是趣味,是快感。这跟诵读经典不一样。诵读经典是为了知识,为了教训,得认真,严肃,正襟危坐地读,不像读诗文和小说可以马马虎虎的,随随便便的,在床上,在火车轮船上都成。这么着可还能够教人“百读不厌”,那些诗文和小说到底是靠了什么呢?

在笔者看来,诗文主要是靠了声调,小说主要是靠了情节。过去一般读者大概都会吟诵,他们吟诵诗文,从那吟诵的声调或吟诵的音乐得到趣味或快感,意义的关系很少;只要懂得字面儿,全篇的意义弄不清楚也不要紧的。梁启超先生说过李义山的一些诗,虽然不懂得究竟是什么意思,可是读起来还是很有趣味(大意)。这种趣味大概一部分在那些字面儿的影象上,一部分就在那七言律诗的音乐上。字面儿的影象引起人们奇丽的感觉;这种影象所表示的往往是珍奇、华丽的景物,平常人不容易接触到的,所谓“七宝楼台”之类。民间文艺里常常见到的“牙床”等等,也正是这种作用。民间流行的小调以音乐为主,而不注重词句,欣赏也偏重在音乐上,跟吟诵诗文也正相同。感觉的享受似乎是直接的,本能的,即使是字面儿的影象所引起的感觉,也还多少有这种情形,至于小调和吟诵,更显然直接诉诸听觉,难怪容易唤起普遍的趣味和快感。至于意义的欣赏,得靠综合诸感觉的想象力,这个得有长期的教养才成。然而就像教养很深的梁启超先生,有时也还让感觉领着走,足见感觉的力量之大。

小说的“百读不厌”,主要的是靠了故事或情节。人们在儿童时代就爱听故事,尤其爱奇怪的故事。成人也还是爱故事,不过那情节得复杂些。这些故事大概总是神仙、武侠、才子、佳人,经过种种悲欢离合,而以大团圆终场。悲欢离合总得不同寻常,那大团圆才足奇。小说本来起于民间,起于农民和小市民之间。在封建社会里,农民和小市民是受着重重压迫的,他们没有多少自由,却有做白日梦的自由。他们寄托他们的希望于超现实的神仙,神仙化的武侠,以及望之若神仙的上层社会的才子佳人;他们希望有朝一日自己会变成了这样的人物。这自然是不能实现的奇迹,可是能够给他们安慰、趣味和快感。他们要大团圆,正因为他们一辈子是难得大团圆的,奇情也正是常情啊。他们同情故事中的人物,“设身处地”地“替古人担忧”,这也因为事奇人奇的原故。过去的小说似乎始终没有完全移交到士大夫的手里。士大夫读小说,只是看闲书,就是作小说,也只是游戏文章,总而言之,消遣而已。他们得化装为小市民来欣赏,来写作;在他们看,小说奇于事实,只是一种玩艺儿,所以不能认真、严肃,只是消遣而已。

封建社会渐渐垮了，五四时代出现了个人，出现了自我，同时成立了新文学。新文学提高了文学的地位；文学也给人知识，也教给人怎样做人，不是做别人的，而是做自己的人。可是这时候写作新文学和阅读新文学的，只是那变了质的下降的士和那变了质的上升的农民和小市民混合成的知识阶级，别的人是不愿来或不能来参加的。而新文学跟过去的诗文和小说不同之处，就在它是认真地负着使命。早期的反封建也罢，后来的反帝国主义也罢，写实的也罢，浪漫的和感伤的也罢，文学作品总是一本正经地在表现着并且批评着生活。这么着文学扬弃了消遣的气氛，回到了严肃——古代贵族的文学如《诗经》，倒本来是严肃的。这负着严肃的使命的文学，自然不再注重“传奇”，不再注重趣味和快感，读起来也得正襟危坐，跟读经典差不多，不能再那么马马虎虎，随随便便的。但是究竟是形象化的，诉诸情感的，跟经典以冰冷的抽象的理智的教训为主不同，又是现代的白话，没有那些语言的和历史的问题，所以还能够吸引许多读者自动去读。不过教人“百读不厌”甚至教人想去重读一遍的作用，的确是很少了。

新诗或白话诗，和白话文，都脱离了那多多少少带着人工的、音乐的声调，而用着接近说话的声调。喜欢古诗、律诗和骈文、古文的失望了，他们尤其反对这不能吟诵的白话新诗；因为诗出于歌，一直不曾跟音乐完全分家，他们是不愿扬弃这个传统的。然而诗终于转到意义中心的阶段了。古代的音乐是一种说话，所谓“乐语”，后来的音乐独立发展，变成“好听”为主了。现在的诗既负上自觉的使命，它得说出人人心中所欲言而不能言的，自然就不注重音乐而注重意义了。——一方面音乐大概也在渐渐注重意义，回到说话罢？——字面儿的影象还是用得着，不过一般的看起来，影象本身，不论是鲜明的，朦胧的，可以独立地诉诸感觉的，是不够吸引人了；影象如果必需得用，就要配合全诗的各部分完成那中心的意义，说出那要说的话。在这动乱时代，人们着急要说话，因为要说的话实在太多。小说也不注重故事或情节了，它的使命比诗更见分明。它可以不靠描写，只靠对话，说出所要说的。这里面神仙、武侠、才子、佳人，都不大出现了，偶然出现，也得打扮成平常人；是的，这时候的小说的人物，主要的是些平常人了，这是平民世纪啊。至于文，长篇议论文发展了工具性，让人们更如意地也更精密地说出他们的话，但是这已经成为诉诸理性的了。诉诸情感的是那发展在后的小品散文，就是那标榜“生活的艺术”，抒写“身边琐事”的。这倒是回到趣味中心，企图着教人“百读不厌”的，确乎也风行过一时。然而时代太紧张了，不容许人们那么悠闲；大家嫌小品文近乎所谓“软性”，丢下了它去找那“硬性”的东西。

文艺作品的读者变了质了，作品本身也变了质了，意义和使命压下了趣味，认识和行动压下了快感。这也许就是所谓“硬”的解释。“硬性”的作品得一本正经地读，自然就不容易让人“爱不释手”，“百读不厌”。于是“百读不厌”就不成其为评价的标准了，至少不成其为主要的标准了。但是文艺是欣赏的对象，它究竟是形象化的，诉诸情感的,怎么"硬"也不能"硬"到和论文或公式一样。诗虽然不必再讲那带几分机械性的声调,却不能不讲节奏,说话不也有轻重高低快慢吗?节奏合式,才能集中,才能够高度集中。文也有文的节奏,配合着意义使意义集中。小说是不注重故事或情节了,但也总得有些契机来表现生活和批评它;这些契机得费心思去选择和配合,才能够将那要说的话,要传达的意义,完整地说出来,传达出来。集中了的完整了的意义,才见出情感,才让人乐意接受,"欣赏"就是"乐意接受"的意思。能够这样让人欣赏的作品是好的,是否"百读不厌",可以不论。在这种情形之下,笔者同意:《李有才板话》即使没有人想重读一遍,也不减少它的价值,它的好。

但是在我们的现代文艺里,让人"百读不厌"的作品也有的。例如鲁迅先生的《阿Q正传》,茅盾先生的《幻灭》《动摇》《追求》三部曲,笔者都读过不止一回,想来读过不止一回的人该不少罢。在笔者本人,大概是《阿Q正传》里的幽默和三部曲里的几个女性吸引住了我。这几个作品的好已经定论,它们的意义和使命大家也都熟悉,这里说的只是它们让笔者"百读不厌"的因素。《阿Q正传》主要的作用不在幽默,那三部曲的主要作用也不在铸造几个女性,但是这些却可能产生让人"百读不厌"的趣味。这种趣味虽然不是必要的,却也可以增加作品的力量。不过这里的幽默决不是油滑的,无聊的,也决不是为幽默而幽默,而女性也决不就是色情,这个界限是得弄清楚的。抗战期间,文艺作品尤其是小说的读众大大地增加了。增加的多半是小市民的读者,他们要求消遣,要求趣味和快感。扩大了的读众,有着这样的要求也是很自然的。长篇小说的流行就是这个要求的反应,因为篇幅长,故事就长,情节就多,趣味也就丰富了。这可以促进长篇小说的发展,倒是很好的。可是有些作者却因为这样的要求,忘记了自己的边界,放纵到色情上,以及粗劣的笑料上,去吸引读众,这只是迎合低级趣味。而读者贪读这一类低级的软性的作品,也只是沉溺,说不上"百读不厌"。"百读不厌"究竟是个赞词或评语,虽然以趣味为主,总要是纯正的趣味才说得上的。

(《读书的方法与技巧》人民出版社,2018年第1版)

书卷长留伴一生

安德列·莫洛亚

印刷物是我们进入真理之国的通行证。在我们国内，哪怕是最小的图书馆中，都有的是宝藏，智慧是在这个世界上人类最伟大的奇异经历。

——雷俄·罗斯坦

我们的文明是我们前代多少世纪以来所累积而成的知识和纪念。我们只要能和前代学人的思想接触的话，我们就可以享受这种累积的文明。唯一能够这样做的，且可使我们变成一个有教养的人的，就是读书。

任何事物都不能取代读书，演讲或银幕上的映画，在启发人智上，都不能有读书那样的力量。插图固然是说明一部用文字写出的书最有效的手段，但仍难使我们看明构成的整个意念。电影，就像说话一样，一下子消逝了，再也不会回到我们的跟前来。只有书卷才能长留，成为我们一生的伴侣。

法国思想家蒙田，认为我们有和爱情、友谊、书卷三种东西神交的必要。这三种东西都是相同的。我们能够爱书，因为书永远是我们忠实的朋友。我甚至想要说，我常感觉到看书比写书的人更要机智，更要聪明。一个著者把他所有的最佳的才智，全写入书中去了。在他日常的谈话中也许有闪露异彩的地方，但那是不能持久的，而人和书的神秘性去打交道的事是永远做不完的。

还有，和书卷发生的这种友谊，是可以不招嫉妒地和全世界几百万人共享的。作家如巴尔扎克、狄更斯、托尔斯泰、塞万提斯、歌德、但丁，或是麦尔威尔，把远隔如两极一般的人们，奇异地带到一块儿来了。一个日本人，一个俄国人，或是一个美国人对我原是完全陌生的，而他和我却有共同的朋友：《战争与和平》中的娜达莎，《帕尔玛修道院》中的法布里斯，《大卫·科波菲尔》中的密考伯。

书卷可以把我们带到我们本身以外去。我们没有一个人有足够彻底了解别人的个人的经验，甚至连彻底了解自己的那种经验也都没有。“我们在这个广大而无反应的世界上，人人都有孤独之感”，我们因此而感到痛苦，我们为世界间的不平，人生的困苦而感到心痛。但是从书上我们得知他人，比我们伟大的人们，也和我们一样，感到痛苦，而仍在奋斗。

书卷是带我们到别人的心中，到别的民族当中去的门户，经由那个门户，我们便可从我们现住的这个窄小的世界中逃出，从那毫无结果的对我们自身的沉思筹划中逃出。一个晚上用来阅读名著对心灵所受的益处，就好像一个假日用来游山玩水对身体所受的益处一样。我们从那些高峰下来，变得较前更为健壮，我们的肺，我们的心，变得更纯洁清净，无丝毫污垢了。于是，我们装备更为齐全，而得以勇敢地去应付日常生活的平原上所展开的战斗。

书卷是使我们得知过去时代的唯一方法，又是为理解我们从未进入过的那种社会的关键。洛尔加(Eederico Carcia Lorca，1898—1936年，西班牙诗人)的剧本可以使我知道西班牙的精神，比亲身到那个国度去旅行二十次的人还要多。契诃夫和托尔斯泰给我显示出的俄国魂的某一面，至今还是依旧未变。圣西蒙的《回忆录》，把早已死灭的法国的一面，又重新在我心中复活起来，正好像霍桑或马克·吐温的小说，使我得以历历再见到消逝了的美国的一面一样。因为这两个世界——一个是在时间与空间上远离我们的世界，一个是我们现在住着的世界——是如此令人惊奇地相似，使我更加高兴起来。

人们都有很多共通的地方。感动荷马笔下那些君王的那种热情，也跟现代同盟国的那些将军所感到的热情，原无二致。当我在美国堪萨斯市对一群学生讲演普鲁斯特的时候，那些中西部农民的子弟，便看出法国的人物和他们自己很相类似。“毕竟，只有一个族类，那就是人类。”即令是伟大的人物，并不是本质上跟我们有何不同，而只是程度上有点差别罢了，那就是那些伟大人物的生平使得我们大家都极感兴趣的原因。

因此，我们为什么要读书的理由之一，便是想要超越我们的生活，了解别人的生活。但单是这一点并不是我们读书得到快乐的理由。在日常生活上，我们因为转入了现在正发生的那个事件的漩涡中，所以当局者迷，就不能把事情看明白，又还过于受到我们人自身感情的支配，就不能适当地体味出感情来。我们大多数人的生活，都值得狄更斯或巴尔扎克去写一部小说，但是我们从那种经验上，并没有获得一点快乐，反而受到许多痛苦。一个作家的任务，就是要给我们一幅人生真实的写照，但为要使我们不发生恐怖，不转入漩涡，而又能从容来欣赏它，所以只好客观地来加以描写。

读一部伟大的小说或传记的人，不啻是过着一种冒险的生活，但又不妨害他心灵的和平。桑塔耶那说得好，艺术显示在我们眼前的，是我们在行动中所找不到的东西，是生命与和平的结合。阅读历史是有益于我们心灵的健康的，它教我们节制和容忍，指示我们那产生内战和世界大战的可怕的争端，现在看来，不过是一些早已成为陈迹的口角罢了。历史又可教我们以智慧和价值的相对性。一本伟大的书，一定可以使读者在读过之后变成一个更优秀的人。

历史揭示着人类的命运在危险中一类的问题,而不断地向前迈进。如果我们不知道这到底是说什么,我们又怎么能够下决心,又怎么能够支持那合理的事,反对那犯罪的愚行呢?

历史所载的真实的事,在政治经济上,在科学和工学的各部门上,也都会是真实的。五十年来,人类的知识已经有了大的兴革。谁会去把这些人们的生活和幸福所赖的变化向他们说明呢?谁会帮助他们和最新的发现并肩前进,而又可完成他们的日常工作呢?那就是书卷,只有书卷。

文明创造出新的需要。今天的人类早已不能满足于做一个比他自己更为强权者手下的工具。他在力之所及的范围内想要知道,想要学习。在过去,只有一位哲人或是一位诗人才能说:“我是一个人,只要是与人有关的事情,都是适合于我的。”今天人人都希望能说这句话,因为现代的人知道对他们完全陌生的远方外国人的命运,也会影响到他们自己的命运,又因为现代人变得更为敏感,在世界的另一端所犯的罪行,他们也会受到感动。

最后,由于能量的充分供给,机械所造成的进步,我们的文明,不管我们要不要,愈来愈变成一种闲暇的文明了。我们看到劳动时间的缩短,人类劳力的减轻,也只有感谢的份儿。虽然如此,结果是太多的闲暇也会发生危险的,除非把趣味和兴趣同时加以扩大。

运动、游戏、大众娱乐和电视,当然,有助于人们的消遣,不过他们能够那样做的时候,常为他们需要大量的准备所限制。在任何情况之下,成为万物之灵的人,单做一个旁观者,很快就感到厌倦了。

赫胥黎说过:“每个知道读书方法的人,都有一种力量可以把他们自己放大,丰富他的生活方式,使他的一生内容充实,富有意义,而具兴味。”我们大家都希望能够享受的,就是这种由别人的生活而使之丰富的充实的人生。别的大量沟通思想的媒介:电影、电视、收音机、留声片,都将采取新的形式,普及各方,来帮助人类分享艺术的喜悦。可是这些东西没有一件能有读书那样深刻而持久的效果,没有一件能带给我们如读书那样广泛的感情和知识。

(《名家读书箴言》青岛出版社,2014 年第 1 版)

为什么我们要读一本书

费吉尼亚·伍尔芙

首先,我想强调一下我这篇文章,题目后面的那个问号,即使我能够为自己找到这问题的答案,这个签字也只适合于我自己,却不见得能适合你。的确对于读书,一个人所能给别人的唯一忠告便是:不必听人家的忠告,尽管追随你自己的本能,运用你自己的理智去获得你自己的结论。如果你同意我这个看法,那么我就可以放心把我的几个观点提出来,同时我希望我的这些见解不至于使你的思想受到束缚而失去独立性,因为一个读者所能拥有的最重要的品质便是这种独立性。究竟读书有没有什么法则可以遵循呢?我们可以肯定滑铁卢之役发生在哪一天,但却没有人能肯定《哈姆雷特》是否比《李尔王》写得更出色?每一个人都必须自己去决定他自己的答案。如果把权威引进我们的书房,并且让他来告诉我们如何念书,念些什么,让他来评断我们所读的作品的价值,那么即使这位权威是多么了不起的人,却无异扼杀了读书王国中最可贵的自由精神,任何其他领域我们可能会受到法律与习俗的束缚,唯有在读书的天地里,我们才享有了完全的自由。

如果你不介意陈腔滥调的话,允许我在此做个强调:那就是在享受充分的自由之际,当然我们也必须学会控制我们自己。我们不要把精力平白地浪费掉,不必为了浇一棵玫瑰树,便把整个房子都弄湿掉,我们必须要养成精确而有力的读书方法,好好把握住你所需要的“重点”才行,而这一点可能是我们在图书馆中所面临的最大的难题之一,那么什么是重点呢?在图书室中乍看起来真是一片缭乱,杂然无章,在书架上挤满了形形色色的书,其中有诗集与小说,有历史与回忆录,有字典与文艺书籍,这些书是由各种不同的性格、种族与时代的男女们,以不同的语言所写出来的,在这多彩多姿的书籍之国,什么是我们应该抓住的重点呢?我们该从何处着手呢?我们要如何从这些杂然混扰中去理出一些头绪出来,而从我们所阅读的东西中,获得最深邃、最广泛的乐趣呢?

这个问题还算简单,因为既然书有类别,例如小说、传记与诗歌,那我们就可以依我们的需要去选取其中之一种,同时选择适当而能使我们获益的来读,但是很少有人会发生这样的疑问:“这些书到底能给我一些什么?”我们之中大多数人都是以模糊与心不在焉的心情来从事阅读，他们只会问：这本小说是不是描写真人实事？这首诗是不是虚拟之作？这本传记是不是在拍马屁？这本历史书是否会增加我们的偏见？假如我们大家在阅读之初都能抛弃以上这些成见，那么你将会有一个好的开始。在刚开始读一本书时，我们应该尽量去适应作者，而不要想役使作者，设法进入作者的境界，和他合作成为他的亲密同事。反之，如果你一开始就踌躇不前或固示冷淡或吹毛求疵，那不啻是使你自己无法获得念那本书可能得到的最大益处。但是如果你能尽量撇开你的心胸去体会它、欣赏它，那么从字里行间及抑扬顿挫的变化中，你将会发现许多微妙的隐喻，引导你去享受那些极不易体会出来的优点，而把你带入一个卓然自立的人性境界中。要是你能沉浸于作者的境界中，并且能习惯这样做，那么不久你将会很快就领略出作者想给你的东西或者是他设法想给你的东西，而体验无穷的愉悦。

让我们先来谈谈小说的读法：一本三十二章的小说，所想提供给读者的是一些坚固的，被作者孕育出来的意念，正如建筑家手下的建筑物一样，所不同的是，字句比砖块抽象而不易捉摸，因此比起欣赏建筑物，阅读是一种更复杂更漫长的历程。也许要了解小说作家的工作本质，最佳的途径可能是去写小说而不是读小说。先让你自己去尝试一下用字遣词的困难与危险，就不难了解小说作家的工作是如何的艰巨。其次让我们回忆一下，过去有不少事情，在我们的脑海里留下深刻的印象。例如在你曾走过的街的一角，一对行人在树影摇曳、电光飞舞之下，以一种亦忧亦喜的声调边走边谈，这整个的景色及其意念的构成，都在刹那间一齐涌现出来。但是当你企图用文字来把它描述出来时，你将会发现原先完整的画面已经变成了千百个破碎的印象，杂乱得使你无从下手，就是任你剪裁润饰，你可能根本就把握不住自己当时的情绪，而成了满纸涂鸦之作，就在这时你不妨翻开一些伟大的小说家如笛福、奥斯汀或哈代的作品来看，现在你就更能领略出他们手法的高明处。在阅读他们的作品时，你不仅在面对不同的人，如笛福、奥斯汀或哈代，而且也可以说是活在不同的世界里边；在笛福的《鲁滨逊漂流记》里，我们仿佛在平坦的大道上跋涉一样，事情一件又一件井然有序地发生，像这种探险的事对笛福可能每件事都有重大意义，但对奥斯汀却毫无意义。在《傲慢与偏见》的作者奥斯汀的世界里，是以客厅里形形色色人物的言谈举止，反映出人物的个性。当我们已经适应了这种客厅及其形形色色人物的言谈举止，反映出人物的个性。当我们已经适应了这种客厅及其形形色色的映像之后，我们不妨再投身于哈代的世界，这是别有一番气象的绝然不同的世界，仿佛使你置身于旷野之间、繁星之下，在沉寂的孤独中，作者把心灵深邃的阴暗面呈现出来，这不像奥斯汀那种热闹场合所表现的轻松愉快的一面，这时你所面对的不再是人与人之间的关系，而是人与自然和命运之间的关系。

虽然这些作者每个人都有他们不同的世界，但在他们自己的世界里，都能前后一贯，也都能遵循自己意念的法则去创造，让我们读起来，即使会有点吃力，但也不至于像一些二流作家那样，常把两种不同的现实世界渗进同一本书里，而让读者感到混淆不清。所以我们欣赏每个伟大小说家的作品，从奥斯汀到哈代，从皮科克（Peacock）到特罗洛普（Trollope），从司各特到梅雷迪斯（Meredith），就等于是投身于不同的世界里，领略各种滋味不同的生活境界，并从而饱尝其中的忧患与喜悦。

阅读小说并不如一般人所想象的那么简单，事实上，读小说是一桩困难而复杂的艺术，你不仅需要有能力去体会小说家伟大的技巧，同时如果你想进一步地利用伟大的小说艺术家所给你的东西，你更必须具备丰富的想象力，才能达成你这个希望。

但是只稍放眼一望书架上形形色色的著作，你就可以发现，在作家之中极少是属于真正的“大艺术家”，也难得有几部书可以称为真正的“艺术品”。但是有些书，例如那些记叙古圣先贤的行谊的传记或自传，难道我们能够因为它们不是“艺术”，就拒绝去读它们吗？或者是以不同的方式与不同的目标去读它们？有时候，当夜幕低垂，华灯初上之际，我们在人家的屋前漫步，回望矗立的屋宇，不禁触动了对人生的感慨，而对那些屋中人的生活起了好奇之心，像仆人们的闲聊、绅士们的晚餐、女士们正盛装赴宴、坐在窗边的打毛线衣的老妇人等，我们会问，他们是谁？他们在做什么？他们叫什么名字？他们的职业是什么？以及他们的思想和生命的冒险史。我们可以不可以为了满足我们这些好奇心而去读那些书呢？

传记与回忆录之类的书，确实可以满足我们这些疑问，可以为我们照亮无数这样的屋子，它们把一些人物的日常生活，他们的受苦与喜悦、情绪的起伏、爱恨的交织、事业的成败乃至于生老病死，都一一呈现到我们眼前来。有时候，我们又会被引导到海上去航行，或到原野去打猎，或是生活在野人或军人之间，而置身于战乱之中。有时我们加入了历史上的伟大行列，或者是依恋英国伦敦的景色及其不断在变化的外貌，例如街道变窄了、房子变小了、交通更拥挤了。我们看见诗人多恩（Donne）匆忙地从房子里冲出来，因为隔壁孩子的哭声，透过薄如纸的隔墙，投入他的屋子里去，使他不耐烦。这时我们不妨跟随他一起走到著名的诗人与贵族的聚会所贝德福特夫人公园，然后再跟他到坐落于威尔顿的一所大房子内倾听西德尼（Sidnev）向他的妹妹朗诵自己的诗作《阿开地亚》（Arcadia，希腊的一个风光明媚、人情淳朴的理想乡）；再漫步于那片沼泽之地，仰视飞掠而过的白鹭，宛如那篇名诗的景象；然后再跟彭布罗克夫人（Lady PerIlbroke）及安娜·克利福德（Anne CHfford）结伴北游她的大牧园，再跑到城市去谛听穿黑鹅绒的哈维（Gabriel Harvey）与斯宾塞（Spenser）争论着诗的问题而欢喜若狂不能自已。再没有比到伊丽莎白时代的伦敦，在黑暗与光彩交替中一面摸索一面颠簸地前进更令人心醉的事了。除此以外尚有斯威夫特、丹尼尔、哈莱和圣约翰在向我们招手，我们可以花上几小时的时间去欣赏他们精彩的论辩并了解他们独特的个性。当我们听厌了时,我们还可以继续逛下去,越过那位穿黑衣戴钻戒的女士,而到达了约翰生、高尔史密斯和加里克(Garrick)所组成的著名的文人团体;或者我们高兴的话,也可越过海峡去会晤伏尔泰、狄德罗和戴芬夫人,然后再回到英伦的家乡,回到贝德福特的庭园所在地和诗人波普(Pope)住过的特威根罕(Twicken ham),或回到沃波尔(Walpole)在草莓山上的家,但沃波尔又为我们介绍了一批新的朋友,于是我们又有好多家要拜访,好多门铃待按,以致当我们站在贝莉小姐(Miss Berry)门前的台阶上,看到了沃波尔爱人的朋友萨克雷(thackeray)走过来时,会顿时产生一阵犹豫不知拜访谁好。就这样我们从这个朋友拜访到另一个朋友,走过一家又一家,去过一个花园又一个花园,我们便走遍英国文学的领域,待醒过来时,又发现自己还是停在原来的地方。如果我们想把现在与所有过去的时代区别一下的话,那么我们不妨去阅读这些人的传记与书信。我们可以让它们为我们点亮许多过去的窗口,我们可以观察那些同名的死者最真实的面貌,而且幻想我们与他们的关系,密切到可以共享他们的秘密,甚至可以抽出一出戏或一首诗,看看在作者邸前念他的作品是否有什么不同的感觉。这个问题又会引发出另外一些问题来。我们必须自问,作者一生的经验对他的著作究竟影响到怎样的程度?让人们去为著者诠释,其可靠性究竟到什么程度?到多久我们还会抗拒或屈服于作者的个性及其文字魔力所激起的同情或憎恶呢?当我们阅读传记与书信时,这些问题都会汹涌而出,在回答这一类与各人的脾性有关的问题上,再没有比被别人牵着鼻子走更糟糕的事了。我们一定要自己去寻求自己的答案。不过我们也可以怀着另一个目标去念书,不是为文学下注脚,也不是为了熟识那些有名人物,而只是为着刷新并磨炼我们的创造力。在书橱的右侧不是有一道敞开的窗户吗?在阅读时暂时停下来看看窗外的世界,是多么愉悦的事啊!那些无意间看到的、毫不相关的事事物物:田野上小驴的奔驰、女人到井里打水、驴子缩着头吐出冗长而尖刻的呻吟,这些景象,是多么的刺激呀!任何一种文学一旦过了时,都会有它的垃圾堆,以一种战栗的、微弱的、毁灭性的语调记录着已逝去的时刻和被遗忘的生命。但是在精粹的文字遗产中,虽然只是一封信,可是它所展开的视界又是多么广阔!虽只是几句文词,但它所提供的景象又是多么迷人!有时候一个故事夹杂着优美的幽默与动人的热情,它完美得仿佛出自大小说家的手笔,事实上只是一个老伶人塔特·威尔金森(Tate Wilkinson)在回忆琼斯上尉的传奇故事而已;或者它只是描写一位 Arthur Wellesley 麾下一名副官在里斯本与一位美丽姑娘恋爱的故事;或只是描写玛丽亚·艾伦(Maria Allen)在孤寂的大厅里,丢下手中的针线,叹息着过去为什么不听伯尼医生(Dr. Burney)的劝告,而与里斯(Rishy)私奔,以种下今日的苦果。像这样的故事,实在都没有什么价值,甚至可以根本忽略不管,可是偶尔当你看这些残渣,在其中发现戒指般可贵的破碎片段,而把它们重新加以组合时,那又是多迷人的经验呀!

可是我们终究会厌倦于这种残渣似的读物，我们也会倦于去搜寻那些用来证实威尔金森或玛丽亚·艾伦所提供的半真实的故事的证据。写这些故事的人，都没有艺术家那种取舍、运用的能力，他们甚至连他们自己一生的生活经验，都无法表现出来，他们把本来印象鲜明的故事都弄得面目全非，他们所能提供的只是事实，而事实却是小说最低级、最拙劣的形式。所以在我们的内心就逐渐地产生了一种欲望，想去欣赏那种半叙述式的、近似事实而接近小说的真实的抽象形式的小说，一种自然表现而近于诗的小说。

我们承认阅读确是一种复杂的过程，但是我们可以用比较来解决我们的困难。用了解的心情去接受作者给我们的印象，只是阅读的前半部的过程，但是如果你想从一本书获取完全的快乐，只做到这一步是不够的。我们必须对这些形形色色的印象下判断，我们必须把这些转眼即瞬的印象，塑造成一种坚固而永恒的印象。不是用直接的方法，而是等到阅读的尘埃落下之后，等到有关此书的争论与疑问消失之后，再经过一段我们自己不由自主地自然改变后，有一天这本书又会浮现在我们的脑海里来。现在我们可以给它们安排在适当的价值地位上，我们也可以用比较建筑物的方式去比较书籍的优劣。但是这种比较的行为，已经意味了我们对书籍的态度业已有了改变。过去我们是作者的朋友，但现在则是他的法官。作为朋友时，我们不能太富于同情心，同样的作为法官，我们也不能太严厉。那些曾经浪费我们时间、骗取我们同情的书，难道不是罪犯吗？那些伪书、坏书、错误百出的书的作者，使社会弥漫着腐败与精神堕落的现象，难道它们不是社会无形的公敌吗？对于这些书当这些作者让我们在下判断时，要严厉一点才行，同时在给一本书下判断时，最好把它拿来与同类著作中的最佳作品比较一下，这样不但能判断出它的优劣而且也可以加强我们对最佳作品的印象。例如长篇小说的话，不妨拿来与《鲁滨逊漂流记》《爱玛》与《返归自然》比较一下，任何一本小说都有权利与它们比较。诗这方面也是一样，不妨拿来与莎士比亚、济慈、雪莱最好的杰作比较一下后，再下判断。至于最新出版的诗集或小说，我们也不必完全更改我们的判断标准，只需稍微改变一下不合时代的部分即可。

简言之，读书有两个步骤：第一步是先尽量敞开你的胸怀，去容纳作者给你的无数印象；第二步是去判断与比较。如果你以为第二步也像第一步那么简单的话，那么你真是愚不可及。你必须要有很好的记忆力，做过异常广泛的阅读而且有充分的理解力，你才能做生动有力的"比较的工作"，所以它是一桩相当困难的事。更困难的是为书籍做适当的评价，指出它的失败与成功的地方，哪一部分是它的优点，哪一部分是它的缺点。一个读者若想负起这种责任，非有丰富的想象力、洞察力与学识不可。但是很少有人会有这种天赋，就是最有自信的人也难得发现在他身上有这种力量的种子，那么让我们干脆放弃这部分的阅读，而让批评家和图书馆的权威学者，来为我们决定的绝对价值,不是比较聪明的办法吗?然而这是多么不可能的事!我们可能强调同情的价值,我们可能在阅读之际,设法把自我投入书的境界中,但是我们都知道无论如何我们无法做到全然的同情与全然的浸沉其中。在我们的内心似乎经常有恶魔在向我们低语着:“我恨,我爱”,而我们却无法制止这种恶魔的低语。的确我们之所以会恨会爱主要是由于我们与某些诗人与小说家的关系是太密切了,以致无法容忍第三者的出现,因此我们不能让别人来为我们做判断。因为即使我们的判断是错误的,至少也代表了我们对这位作者的好恶。我们品味书籍的能力,我们是通过自己的感情来获得书的启示,而不是通过别人理智的评判。一旦感觉的神经,把一股激动之情渗透到心灵时,我们便会获得主要的启示。我们也无法压抑我们自己特有的癖性,不过随着时间的进展,我们也许能够锻炼我们的欣赏力,也许我们可以让它臣服某些自制的规则。当我们把各种书籍,例如诗、小说、历史、传记,贪婪地囫囵吞咽之后,再经过时间的变化与体察现实世界的不调和,我们多少会有一点改变,我们不会再那么贪婪,我们会更有反省力,这种反省力不仅会给我们判断某一本书的能力,而且也将会告诉我们在某一些书之间有某种共同的特质存在,这时我们自己的欣赏力就会引导我们自己前进。在看到某一种书后,会再去寻找同一特质的那一类书,然后在我们的知觉上建立品尝的秩序。从这种鉴赏力,我们将获得一种更深邃、更稀有的快乐。当自己的鉴赏力稳固地建立起来后,我们不妨去看极少数能够在文学艺术上启发我们的作家的作品:科尔里奇(Coleridge)、德莱顿(LDryden)和约翰生他们深思熟虑过的评论以及许多诗人与小说家本人随意说出的话中,往往有中肯的真知灼见在里边。他们把盘踞我们内心的模糊观念,照亮并且加以具体化,但是只有在我们自己的阅读过程中,获得了无数疑问与暗示之际,去拜访他们,他们才能给我们帮忙。但是如果我们一开始就屈服于他们的权威,好像一群羊一样懒洋洋地躺在限定的围栏内,他们也没有办法帮我们任何忙,只有在我们的内心充满了冲突而又急欲征服它之际,我们才能充分领略他们的见解。

要是这样的话,去读一本书,就需要具备那稀有的品质,诸如想象力、洞察力和判断力,你可能会得到悲观的结论:文学是一种极复杂的艺术,即使穷一生之力去读书,也不可能对文学批评产生任何有价值的贡献吧!但是请不要悲观,我们可以从另一个角度去发挥我们的力量,我们只需做一个永恒的读者,我们不必去争取只有少数批评家才能拥有的光荣。但是我们有我们作为读者的责任,而这点是异常重要的。如果身为读者的我们,能把自己的鉴赏力与判断力普遍地提高,而形成了时代风气的一部分,作家在写作时自然会呼吸到这股空气,而影响他们写作的水准。这种无形的影响力有时比有形的批评更有力。如果这种影响是出于个人的真诚、教养与力量,可能会产生极大的价值,甚至超越职业批评家。这时作家也会感觉到有另一种形式的批评存在,那就是为了爱好读书而读书的群众的意见。他们慢慢地、非职业性地带着既有同情又严厉的态度的判断，难道不会改进作家作品的品质吗？因此如果通过我们普通读者的力量，书籍能变得更结实、更丰富、更多彩多姿，这个目标是值得大家去追求的。

不管读书能给我带来什么，至少有时我会做这样的梦："当审判之日来临时，一些有名的征服者、律师和政治家都来接受他们的报赏：他们的皇冠、桂冠以及刻在大理石上的永恒的名字。而当天主看见我们腋下夹着书向他走来时，他略带羡慕地向比德说：'你看，这些人不必付任何报酬给他们，因为他们在人间已经热爱过读书。'"

（《名家读书箴言》青岛出版社，2014 年第 1 版）

爱书之人

罗杰·罗森布莱特

借书的习惯总是和常规相反。

在其他类似的情况下，债务人会成为债权人的奴隶，而且，你暂时得到的东西，会因为沉重的永远还不清的人情债而变成一种损失。在金钱方面，这是一条不变的真理。但如果换成是书，那就正好相反了。因为某些说不清的原因，借书者会觉得，书一旦落在自己手中，那就属于自己了。从此，他会彻底忘了借书这一回事。当然也不会有丝毫的罪恶感了。让事情变得更糟的是，连书原来的主人，最后也会接受这个事实。尽管为了确保借书者会按时归还，出借者往往会严肃认真地要求借书者发誓尽早还书，而借书者这时也会义正词严地回答道，如果他没按时归还，上帝就会让他永远无法再看书了。但这一切就好像是两个人演的一出戏。只要书被借走了，就再也回不来了。书的主人碍于情面不好意思开口要求，而借书者则再也不提起借书的事，于是整件事情就在不了了之的情况下结束……

世上再也没有比有人正虎视眈眈地盯着你的宝贝书更可怕的事情了。你不需要做出任何判断，事实上就是有人正审视着你的书。诚然，大多数人都希望客人不过是随便拿起来翻翻，随意看两眼，当他们感到无聊或是失望了，就自然会把书放回原处了。唉，可事与愿违的是，更多的时候，客人们会用那种在热舞晚会上打量娇艳女子的贪婪目光，仔细读着每一个标题，在心里盘算着，翻来覆去地看着。但是，这还不是最恐怖的。当那双紧紧盯着书的眼睛不再移动时，你的心跳在那一刻也就停止了。那种内心的恐惧，足以让任何一个爱书的人窒息而死。那个人的身体稍稍动了一下，他举起手，渐渐移到眼睛所望之处。于是，什么都无法挽回了。你全身冰凉，毫无知觉地僵在那里。而此刻他正冲着你笑呢。你预见到自己会听见这样一句话："我想借这本书看看，你介意吗？"介意？天哪，我为什么不该介意？事实上那本书是你在搜遍欧洲和北美每一个大大小小的书店之后，终于在巴黎的一个小书摊上找到的。那天是 1969 年 4 月——我想是 13 号。是的，你很确定，那天下午还下着淅淅沥沥的小雨。还有那书的页边处微微卷起的折角，对你来说，它就像心跳对生命的意义一样，是不可或缺的啊。轻轻抚摸着这些熟悉的书页，你就像被带回到了初恋的甜蜜和美梦的憧憬中，那种温馨和快乐能让你陶醉一辈子。现在,有人要把这一切从你身边夺走,而且再也不会把它们还给你了,难道你不应该介意吗?即使有一天,那人真的很绅士风度地把它还给你了,你那时也早已被失去爱书的痛苦折磨得形容憔悴了,而书也因为那人的不爱惜而备受摧残,早已变得体无完肤了。如果是这样的话,我也应该不介意吗?我当然介意!但你听见自己说的是:

"没关系,你拿去看吧。希望你能喜欢它。"

"太谢谢了。我下周就会还给你。"

"不用那么着急,你慢慢看。"

(《阅读的盛宴》新世界出版社,2015年第1版)

新终生读书规划

克利福顿·法迪曼、约翰·梅耶

克利福顿·法迪曼的《终生读书规划》初版于1960年,并先后于1978年和1986年出版修订版。这是唯一一本同时荣登"职场晋升畅销书"和"欢乐图书排行榜"之首的书。约翰·梅耶写的《新终生读书规划》,也就是下文所列书目,由哈泼·考林斯出版社于1997年出版。全书中最引人注目的要数一脉相承的"法迪曼式"的自信,这种自信基于数十年文学阅读的功底。即使是在当前文学作品雪崩般大量涌现的时代,能经得住考验和挑剔的文学作品也不多。这个书目既有启蒙性又有趣味性。

· 无名氏(约公元前200):《吉尔伽美什史诗》

· 荷马(约公元前800):《伊里亚特》

· 荷马(约公元前800):《奥德赛》

· 孔子(公元前551—公元前479):《论语》

· 埃斯库罗斯(公元前525—公元前456/5):《俄瑞斯忒斯》

·索福克勒斯(公元前496—公元前406):《俄狄浦斯》《克洛努斯的俄狄浦斯》《安提歌尼》

·尤里庇得斯(公元前484—公元前406):《阿尔赛梯斯》《美狄娅》《希波吕托斯》《特洛伊女子》《伊蕾特拉》《巴克哀》

·希罗多德(约公元前484—公元前425):《历史》

·修西得底斯(约公元前470/460—约公元前400):《伯罗奔尼撒战争史》

· 孙子(约公元前450—公元前380):《孙子兵法》

·阿里斯托芬(约公元前448—公元前388):《吕西斯忒拉忒》《云》《鸟》

·亚里士多德(公元前384—公元前322):《伦理学》《政治学》《诗学》

· 孟子(约公元前400—公元前320):《孟子》

· 跋弥(?)(约公元前300):《罗摩衍那》

· 毗耶娑(?)(约公元前200):《摩诃婆罗多》

·无名氏(约公元前200):《薄伽梵歌》

· 司马迁(公元前145—公元前86):《史记》

· 卢克莱修(约公元前100—公元前50):《物性论》

· 维吉尔(公元前70—公元前19):《埃涅阿斯纪》

· 奥勒留(121—180):《沉思录》

· 圣·奥古斯丁(354—430):《忏悔录》

· 迦梨陀娑(约400):《摩罗维迦与火友王》

· 穆罕默德授记,650年成书:《古兰经》

· 慧能和尚(638—713):《六祖坛经》

· 菲尔多西(约940—1020):《萨纳摩》

· 清少纳言(约965—1035):《枕草子》

· 紫式部(约976—1015):《源氏物语》

· 奥玛·珈(1048—?):《鲁拜集》

· 但丁(1265—1321):《神曲》

· 罗贯中(约1330—1400):《三国演义》

· 乔叟(1342—1400):《坎特伯雷故事集》

· 无名氏(约1500):《一千零一夜》

· 马基雅维里(1469—1527):《君主论》

· 拉伯雷(1483—1553):《巨人传》

· 吴承恩(1500—1582):《西游记》

· 蒙田(1533—1592):《蒙田文选》

· 塞万提斯(1547—1616):《堂·吉诃德》

· 莎士比亚(1564—1616):《莎士比亚全集》

· 约翰·唐恩(1573—1631):《唐恩选集》

· 无名氏,1618年出版:《金瓶梅》

· 伽利略(1574—1642):《关于托勒密和哥白尼两大世界体系的对话》

· 托马斯·霍布斯(1588—1679):《利维坦》

· 笛卡尔(1596—1650):《方法论》

· 约翰·弥尔顿(1608—1674):《失乐园》《露西达斯》《基督降生之早晨》《十四行诗集》《论出版自由》

· 莫里哀(1622—1673):《莫里哀戏剧选》

· 帕斯卡尔(1628—1688):《思想录》

· 约翰·班扬(1628—1688):《天路历程》

· 约翰·洛克(1632—1704):《政府论》

· 松尾芭蕉(1644—1694):《通向北方的窄路》

· 丹尼尔·笛福(1660—1731):《鲁滨逊漂流记》

· 乔纳森 · 斯威夫特(1667—1745):《格列佛游记》

· 伏尔泰(1649—1778):《老实人》及其他作品

· 大卫 · 休谟(1711—1776):《人类理智研究》

· 亨利 · 菲尔丁(1707—1754):《汤姆 · 琼斯》

· 曹雪芹(1715—1763):《红楼梦》(又名《石头记》)

· 让 · 雅克 · 卢梭(1712—1778):《忏悔录》

· 劳伦斯 · 斯特恩(1713—1768):《商第传》

· 杰姆斯 · 鲍斯威尔(1740—1795):《塞缪尔 · 约翰森传》

· 托马斯 · 杰弗逊与其他人:《美国历史基本文件》,理查德 · 莫里斯(主编)

· 汉密尔顿、麦迪逊和杰伊:《联邦党人文献》,1787,克林顿 · 罗斯特(主编)

· 歌德(1749—1832):《浮士德》

· 威廉 · 布莱克(1757—1827):《布莱克选集》

· 威廉 · 华兹华斯(1770—1850):《序曲》《华兹华斯短诗选集》《〈抒情歌谣集〉序》

· 塞缪尔 · 泰勒 · 柯勒惠支(1772—1834):《古舟子吟》《克里斯泰布尔》《忽必烈汗》《文学传记》《莎翁论丛》

· 简 · 奥斯汀(1775—1817):《傲慢与偏见》《爱玛》

· 司汤达(1783—1842):《红与黑》

· 巴尔扎克(1799—1850):《高老头》《欧也妮 · 葛朗台》《贝蒂表妹》

· 拉尔夫 · 爱默生(1803—1882):《爱默生选集》

· 纳撒尼尔 · 霍桑(1804—1864):《红字》《霍桑故事集》

· 德 · 托克维尔(1805—1859):《论美国的民主》

· 约翰 · 斯图亚特 · 穆勒(1803—1873):《自由论》《妇女的屈从》

· 查尔斯 · 达尔文(1809—1882):《猎犬号上的旅行》《物种起源》

· 果戈理(1809—1852):《死魂灵》

· 埃德加 · 爱伦 · 坡(1809—1849):《爱伦 · 坡短篇故事集及其他》

· 威廉 · 萨克雷(1811—1863):《名利场》

· 查尔斯 · 狄更斯(1812—1870):《匹克威克外传》《大卫 · 科波菲尔》《远大前程》《艰难时世》《我们共同的朋友》《老古玩店》《小朵丽》

· 安东尼 · 特罗勒普(1815—1882):《修道院院长》《巴塞最新编年史》《尤斯达斯的钻石》《浮华世界》《自传》

· 勃朗特姐妹

夏洛蒂 · 勃朗特(1813—1855):《简 · 爱》

艾米莉·勃朗特(1818—1848):《呼啸山庄》

· 亨利·大卫·梭罗(1817—1862):《瓦尔登湖》《公民抗命权》

· 伊凡·屠格涅夫(1818—1883):《父与子》

· 卡尔·马克思(1818—1883)与弗·恩格斯(1820—1895):《共产党宣言》

· 赫尔曼·麦尔维尔(1819—1891):《白鲸》《录事巴托比》

· 乔治·艾略特(1819—1880):《弗罗斯河上的磨坊》《织工马南》

· 瓦尔特·惠特曼(1819—1892):《惠特曼诗选》《民主远景》《〈草叶集〉初版序》《旅途回顾》

· 古斯塔夫·福楼拜(1821—1880):《包法利夫人》

· 费尔多·陀思妥耶夫斯基(1821—1881):《罪与罚》《卡拉马佐夫兄弟》

· 列夫·托尔斯泰(1828—1906):《战争与和平》

· 亨德里克·易卜生(1828—1906):《易卜生戏剧选》

· 艾米莉·狄金森(1830—1886):《狄金森诗选》

· 刘易斯·卡罗尔(1932—1998):《爱丽丝漫游奇境记》《爱丽丝镜中漫游记》

· 马克·吐温(1835—1910):《哈克贝利·芬历险记》

· 亨利·亚当斯(1838—1918):《亨利·亚当斯教育集》

· 托马斯·哈代(1840—1928):《卡斯特桥市长》

· 威廉·詹姆斯(1842—1910):《心理学原理》《实用主义》《真理的意义四简》《宗教经验种种》

· 亨利·詹姆斯(1843—1916):《使者》

· 尼采(1844—1900):《查拉图斯特拉如是说》《道德谱系》《善与恶的边缘》及其他作品

· 西格蒙德·弗洛伊德(1856—1939):《弗洛伊德选集》,包括《梦的解析》《性欲理论论文集》《文明及内容》

· 萧伯纳(1856—1939):《萧伯纳戏剧选及序言》

· 约瑟夫·康拉德(1857—1924):《诺斯特罗莫》

· 安东·契诃夫(1860—1939):《凡尼亚舅舅》《三姐妹》《樱桃园》《契诃夫短篇小说选》

· 伊迪丝·华顿(1862—1937):《乡下规矩》《纯真时代》《神秘屋》

· 威廉·巴特勒·叶芝(1865—1939):《叶芝诗选》《叶芝戏剧选》《叶芝自传》

· 夏目漱石(1867—1916):《心》

· 马塞尔·普鲁斯特(1871—1922):《追忆似水年华》

· 罗伯特·弗罗斯特(1874—1963):《弗罗斯特诗选》

· 托马斯·曼(1875—1955):《魔山》

· E.M.佛斯特(1879—1970):《印度之旅》

· 鲁迅(1881—1936):《鲁迅短篇小说选》

· 詹姆斯·乔伊斯(1882—1944):《尤利西斯》

· 费吉尼亚·伍尔芙(1882—1941):《达洛维夫人》《向灯塔去》《奥兰多》《海浪》

· 弗兰茨·卡夫卡(1883—1924):《审判》《城堡》《卡夫卡短篇小说集》

· D.H.劳伦斯(1885—1930):《儿子与情人》《恋爱中的女人》

· 谷崎润一郎(1886—1965):《细雪》

· 尤金·奥尼尔(1888—1953):《伊蕾特拉的哀悼》《送冰的人来了》《长夜漫漫路迢迢》

· T.S.艾略特(1888—1965):《艾略特诗选》《艾略特戏剧选》

· 艾尔德斯·郝胥黎(1894—1953):《勇敢新世界》

· 威廉·福克纳(1897—1962):《喧哗与骚动》《当我弥留之际》

· 厄内斯特·海明威(1899—1961):《海明威短篇故事集》

· 川端康成(1899—1972):《美丽与哀愁》

· 路易斯·豪尔赫·博尔赫斯(1899-1986):《迷宫》《老虎梦》

· 弗拉基米尔·纳博科夫(1899—1977):《洛丽塔》《苍白的火焰》《说话》《回忆》

· 乔治·奥威尔(1903—1950):《动物农场》《1984》《燃烧的岁月》

· R.K.纳拉扬(1906—2001):《英国教师》《糖果商》

· 塞缪尔·贝克特(1906—1989):《等待戈多》《游戏终局》《克乞拉普最后的录音带》

· W.H.奥登(1907—1973):《奥登诗选》

· 阿尔伯特·加缪(1913—1960):《鼠疫》《异乡人》

· 索尔·贝娄(1915—2005):《奥吉·玛琪历险记》《赫索格》《洪堡的礼物》

· 亚历山大·索尔仁尼琴(1918—2008):《上层社会》《癌病房》

· 托马斯·库恩(1922—1996):《科学变革的结构》

· 三岛由纪夫(1925—1970):《假面的告白》《金阁寺》

· 加西亚·马尔克斯(1928—2014):《百年孤独》

· 齐诺瓦·阿切比(1930—2013):《崩溃》

(《阅读的盛宴》新世界出版社,2015年第1版)

从好书中得到心灵安慰

乔治·哈姆林·费奇

没有任何事物能像一本优秀的老书一样抚平我的伤痛——我是怎样从独子的突然去世中品味出阅读的价值。

三十年来，我一直都是在《记事报》的书评专栏上和读者对话的，而我的目的也一直是想劝导读者养成读好书的习惯，并让这种习惯成为我们面对困难和疾病时可以依靠的精神支柱。我一直都是这样强调读书的好处，因为，这么多年来，读书已经成了我最主要的休闲活动，我也证明了读书实在可以让我们受益无穷。它可以扩大我们的眼界，还可以帮助我们了解世界上那些最伟大的作家们的作品，当我们需要时，书可以随时把他们从记忆中召唤回来。但对我而言，我从没想到有一天，这种习惯会成为支撑我活下去的唯一动力。

当一个人一过了四十岁，他就会开始为剩下的日子作打算。他会把很多事情都列入计划之中——家庭、工作、公益活动、慈善事业和教育。在我的计划中，大部分都是些我最喜欢的文字工作，另外就是好好地陪着我唯一的儿子，他是那么可爱，以至于还在他很小的时候，我就已经觉得自己这一辈子将再也离不开他了。我和儿子哈罗德之间的关系，根本不像埃德蒙·戈斯在他的《父与子》中以一种痛苦的笔调所描述的那种样子，严厉凶悍的父亲和胆小羞怯的儿子之间的关系。说起来，我们更像是一对亲密无间的兄弟。

所以就在几天前，当这种很多年来我已经习惯了的亲密关系忽然被儿子的死亡打破时——就如同晴天霹雳一般，来势汹汹而且完全出乎任何人的意料——在刚开始的几个钟头里，我根本没办法接受这个事实，我感觉整个世界在轰的一声之后完全崩塌了，除了一堆废墟，我的人生之中没有留下半点希望。在那个星期五的下午，我等他一直等到六点，可他却一直也没有出现。星期五是我休息的日子，在这一周里唯一的一天假日里，他通常会来看我，我们一起吃饭，然后再一起去看电影或是找些其他的事消遣。当他到了六点钟依然还没出现时，我就留了张字条，告诉他我在我们常去的那家餐馆等他，然后就出门了。晚饭是我一个人吃的。当我回家一小时之后，我才得知在我留了字条出门的时候，哈罗德已经永远闭上了双眼，永远都无法再看到我留给他的那张字条了。

当最初的打击给我带来的悲痛渐渐淡去之后，我开始思索，我的生活中还剩下了些什么呢？很多我为儿子所做的所留下的，现在对我而言都已经没有任何意义了；但是为了重新拾起往日的工作，尽管已经失去了能给我带来无限快乐的他，尽管在我看来他远比我自己的生命更加珍贵，但我明白，一个人有时不得不做出些牺牲，而这种牺牲主要指的是我不得不从悲伤中抬起头，看完书房里已经堆了几英尺高的书——虽然此时我的脑海仍然被悲伤占据着，虽然我还会因为别人的一句不经意的话而痛彻心扉。但是，这些我最钟爱的老书一定会像从前一样吸引我，并带我走出痛苦的回忆。

一直以来，在学校假期里以及盛暑的长假里，我和儿子都已经习惯了在长途跋涉后去乡村度假。而就在最近的五年，为了保持健康强壮的体魄，我的孩子们全都是在乡村度过的。他和他姐姐玛丽，都侥幸逃过了曾在这个城市里流行的肺炎病。之后我便带他们来到位于霍威尔山脚下的艾格文家，一个种满了松树的世外桃源——冬天是一个大牧场，夏天则是人们消暑度假的胜地。在那个空气中弥漫着松脂香味的牧场上，我的孩子们茁壮成长起来。埃德温·艾格文就像是孩子们的第二个父亲，他的妻子温柔贤淑，对孩子们来说，她就像是他们的亲生母亲一般呵护着他们。玛丽是个活泼的女孩，喜爱运动的她后来成了一位勇敢的女骑士，同时她也是一名出色的网球健将，而擅长游泳的她还曾经为了一个愚蠢的打赌在卡特利那岛游了整整两英里。她是一个健康快乐的女孩，也是个孝顺的女儿，只是婚姻让她远离了我，去了大陆的另一端。当我们离开艾格文家时，哈罗德还是个没长大的小男孩，但没多久之后，身体十分健康的他就长成一个强壮而充满了青春活力的小伙子。

现在，我常常回忆起在艾格文家度过的那幸福惬意的五年时光。那时，每当我结束了一夜紧张辛苦的工作，在凌晨三点回到家后，我会小憩两三个钟头。在寒冬清晨的一片黑暗中，我起床，然后从这座城市出发，经过漫长而单调的五个小时的旅程，来到纳帕山谷。我做这一切都只是为了能和我的孩子们一块度过快乐的一天。小哈罗德会在日历上记下我去看他的日子，而且通常会在此之前为我准备一些小礼物——一只可爱的小鸟，一种有趣的游戏或是一些我爱吃的水果。

接着他上学了，小学、中学，然后是大学。读书时，他很期待每一个能和我一起度过的假期，由此而带给我的满足感就像陈年的红酒一样滋润着我的心田，让我感到温暖。通过谈话和引导他阅读好书，我努力培养并锻炼他的思考能力，同时也争取让他保持一种单纯高尚的品味。在这种教育方法下长大的他，有时会表现得像个精明的男子汉一般英明果敢，有时又会像个无忧无虑的大男孩一样开怀大笑。当他还只有十八岁时，他就已经具备了三十岁的成年人才有的正确判断力和敏捷的思维，但同时他仍然还是个无拘无束、爱开玩笑的孩子，而他身上最可爱的一点，就是他根本就没意识到自己有这么多的优点。就像一朵馨香的花朵,他无意识中的一举一动,都能让所有认识他的人都爱上他。

在大学里,他经常资助那些经济上有困难的同学。他在斯坦福大学的宿舍,永远都是那些无家可归的流浪者们的避风港。事实上,他总是那么热情地一视同仁地对待每一个人,以至于有一天宿舍管理员以一种带有讽刺意味的口吻警告他说,尽管他是这里的学生,尽管交够了住宿费,但这并不代表他有收容寄宿者的特权。他的朋友来自于社会的各个阶层。他从没加入过任何大学兄弟会之类的社团,因为他不喜欢社团成员的排他性,但是,无论是在兄弟会的成员中,还是他们所排斥的野蛮人中,他都能找到亲密的伙伴。毕业前,学校领导一次不公平的裁决殃及了许多学校里最优秀的学生,于是哈罗德站了出来,代表大多数学生同校方理论。就在与校方一次又一次的交涉中,他结束了自己的大学生活。尽管他早已通过了所有的考试,而且也已经以无可挑剔的态度独立完成了毕业论文,但因为校方专断的裁决,在毕业六个月之后他才拿到了自己的学位证书。

毕业后,他进入了一家由大学同窗好友创办的火灾保险公司的董事会,开始了他虽然短暂但却兢兢业业的工作生涯。在工作中,他勤勤恳恳,任劳任怨,但绝不想为自己谋半点私利,只是想以此来回报朋友的信任。哈罗德总是洋溢着青春的活力,他充实的生活因为报纸而变得更加丰富多彩。新闻人的生活就像在舞台上表演戏剧,会在它所中意的每一个人身上都留下演员的标记,而哈罗德就像是一个被装上了翅膀的孩子一样,兴高采烈地飞上了这个舞台,并喜欢上了这个舞台和舞台上所有的人。尽管他住在纽约,但却是《记事报》编辑室里的常客。他熟悉这儿每一个部门的工作,所以他总能一针见血地指出各项工作中的症结所在。但他觉得做新闻限制太多,压力过大而且十分孤立,对工作者苛求过高而给予的回报太小,所以最终他还是选择了离开。如果他能留下来,那他必定会在这一行干出一番伟大的事业。在旧金山大火之后的救灾工作中,他表现得异常出色,而他为体育专栏撰写的文章也获得了很高的评价,那是因为他自己就精通于各项体育活动,而且在任何时刻都能保持公正冷静的头脑。当他去世的消息传到办公室时,所有的人都陷入深深的悲哀之中,那情形仿佛是在哀悼报社核心成员里一位元老的过世。

随着他年轻的身影一点一点从我的生活中消失,这种永恒的感情里包含的美,也就一点一点越来越清楚地展现在我的眼前。快乐的时光总是很短暂,在那漫长而炎热的夏日里,只要有了哈罗德,时间就总是过得特别快。还有我们曾一起在野外像狂暴战士一样大踏步地沿着沙丘一直走。"让我们的脉搏和狂风一起跳动",乐不可支地品尝着大自然的味道。只是现在,那些曾经属于我们的亲切而满溢快乐的假日,那些我们曾经一起在寒冬里顶着暴风散步的岁月,都已经永远地远离了我。那些幸福的时光都已经走远了，什么痕迹都没留下，除了些许常常会让我泪流满面的珍贵回忆。可是，尝惯了幸福滋味的我，已经几乎忘记了眼泪的味道啊。

于是，在辗转走了很远之后，我又回来了，回到了我的书架前，继续我的工作，鼓励你们，告诉你们如何从痛失至亲的阴影中走出来，尽管和我一样，你们早已习惯了温馨而充满爱意的家庭生活。不幸的人们啊，坚强起来吧，不要让无助的思想占据你的脑海，也决不能向死亡的后遗症妥协。请相信，那些伟大的文学作品会帮助你走出困境的，虽然这意味着，可能会忽略时尚杂志或是最新的爱情小说。但是，请你想一想，这些没有任何意义的书在半年后就会完全被人们遗忘，可是你从与各时代大文豪的亲切对话中所获得的慰藉却是永恒的。最近，哈佛大学的艾略特博士选出了他的“五英尺高的书”，从而激起了许多人的议论。而如果要我说，我就会从他认为必读的书中抽出三分之二送给别人。但最重要的并非如此，关键还是你要坚持自己的最爱——真正的货真价实的书，其中的每一本都能让你受益匪浅，都能让你感受到一颗伟大的灵魂正在和你交流，从中你将会获得无尽的鼓励和慰藉。把这些书放在随时都能拿得到的地方，一遍又一遍不厌其烦地读它们吧，直到你的脑海里已经充满了从它们那儿得到的智慧和美丽。这样，你将会最终进入到一个纯文学的王国，那里没有自以为是的书呆子，也没有固执己见的教条主义者。在那里，你会变得坚强，即使是面对命运给你的最致命的打击时，你也能从容应对，不会有丝毫的恐慌。

当你悲伤痛苦、无法自拔时，你会求助于杂志还是那些只能在没事时逗逗乐的诙谐的短篇小说呢？没有任何一种文学技巧能缝合一颗已经破裂的心，也没有任何优美的词句能抚慰一颗已经被悲伤折磨得千疮百孔的灵魂。不，不是这样的，当清晨第一缕阳光照进房间时，让我们首先打开《圣经》——智慧与安慰的源泉，只要你有一颗忏悔的心和一双干净的手，只要打开了《圣经》，你就绝对不会失望而回。那是一剂能医治百病的灵丹妙药。然后，让我们打开那些充满了甜蜜、有益心智的书吧，是那些曾经历过生命的低谷并勇敢走出来的人创造了它们，其中的一字一句都是作者的切身感受，它将带领每一位心灵的伤者走出阴影，重新投入到生活的怀抱里。对一个正在痛苦中煎熬的人来说，一本能够震撼他心灵，让他在命运的重击之下坚强起来的好书，胜过一千本无法教会他生活真谛的废书，那些书对极度渴望从失落中振作起来的灵魂而言，就像一个干涸的蓄水池，不能提供任何帮助而只会徒增负担。

我忠实的读者们，自从旧金山那场大火吞噬了我所有珍藏的书籍后——那是我费尽四十年心血收藏的珍宝，这是我第一次纵容自己在专栏中如此肆无忌惮地释放自己的感情。我根本无法控制自己的感情，于是就这样任它操纵我的思想，因为，此时的我就像是一只受了重伤的动物，只想用自己的文字舔舐伤口，慢慢地恢复。在这里，我以切身体会述说那致命的悲伤所带给我的种种苦痛，但我也十分相信，凭借本文中我所流露出来的那充满了希望的精神——并希望借着这种精神，我能坚强地度过余生，并且，不遗余力地去帮助那些和我一样痛苦的人，帮他们走出回忆。我希望有一天，在那个“尚未被发现的国度”里，当我们和亲人重逢时，他的脸上依然洋溢着如往昔般的灿烂笑容，并像以前一样伸出双臂，紧紧地把我拥入怀中，让我们一起沉浸在浓浓的爱意和坚贞的忠诚之中。

对于那些像我一样整天忙于工作的人而言，长时间的劳作和紧张的工作压力也许都算不上什么，为了所爱的人，他们可以做出任何牺牲。但是可能因为天性使然，他们总是恪守着清教徒一般拘谨保守的生活态度，总是羞于敞开自己的心扉，向身边所爱的人表达自己深沉的感情。直到有一天，死神张开双臂带走了他们心中的挚爱，他们才终于能从颤抖的嘴唇中说出自己如洪水般汹涌的爱意。但是这时，他们心中所挚爱的那个人却再也听不到了。

（《阅读的盛宴》新世界出版社，2015年第1版）

阅读的价值

蒙　田

在整个人生旅途中，我一直与书籍相伴而行。而在任何时候，只要我需要，它们都会不遗余力地帮助我。当我老去而渐感孤独时，是书宽慰了我，是书卸下了我肩上无所事事的重负，让我从各项令人厌恶的事务中解脱出来；让我淡忘忧伤和悲痛。它已经占据了我的整个灵魂。

我飞也似的从讨厌的白日梦中逃出来，奔向书，它们马上就能抓住我的思想，把其他令人生厌的思绪从我的头脑中驱逐出去。我为了贪图方便，从书里寻求一种更加真实、更加自然而生动的东西，久而久之就对它们产生了依赖。但是它们并不会因此而背叛我，每一次它们都用同样的热情迎接我。它们说："手中牵着马的人，也一样有充分的理由步行。"詹姆斯，这位硬朗健壮的那不勒斯和西西里岛的君王，就曾睡在一辆颠簸的手推车上，头下枕着一个有点寒酸的羽毛枕头，身上穿的是粗糙的灰布衣服，头上戴的也是同样质地的帽子。但是尽管如此，他依然能坐上皇家火车，骑着各式名马，指挥着形形色色的绅士和官员，只不过建立在这之上的他的威严就得打点折扣了。这个胸中自有妙计的人是不需要别人的同情的。

我从这句话中学会的以及从中得到的锻炼，都体现了书本带给我的所有好处；但是和那些并不了解这一切的人一样，我却没有很好地利用它们，就像一个守财奴看重他的每一分钱，并会在他高兴的时候把弄那些钱一样。我酷爱书，也会在心情不错的时候看书，也会因为拥有这份财富而感到十分满足。无论是在战争时期还是和平时期，我旅行时一定要带上书。但是我却会几天、有时是几个月都不看它们一眼。我告诉自己，我会一点点地看，或是等我有了兴致时再看。然而时间却在不知不觉中一点点地流逝了。关于这一点，我真的想不出来，到底要到什么时候我才会有迫切想读书的念头，并且意识到书本给我的生活带来的慰藉和帮助。我不知道究竟这种想法要到一种什么程度，我才会去看书。书是迄今为止我所发现的最好的一种能陪伴我们走完人生旅途的伴侣，而且我也很同情那些没有书陪伴的人们。我可以从书里获得任何娱乐活动能带给我的欢愉和兴奋，而且无论何时何地，它都从没让我失望过

在家时，我经常会光顾藏书室，从那里我可以了解到家人们的喜好。走进藏书室，

就可以全面了解我的花园、庭院、后院以及房子的其他部分。在那儿，我可以随意浏览各种各样的书。有时我会陷入沉思，有时我又会做些记录，并在来回踱步的时候口述些随想之类的东西，正如现在你们看到的这篇文章。

我的藏书室位于三楼，一楼是我做礼拜的小教堂，二楼是一套有一个小隔间和壁橱的公寓，那儿是我休息生活的地方；而在此之上的就是这个伟大的书橱，这儿原来曾是整座房子里最没用的地方。在这儿，我度过了一生中的大部分时光。白天的大部分时间我都待在这儿，但我从不在这里过夜。这是一个漂亮、整洁的小房间，屋里有一个冬日里取暖用的壁炉。房间里有很多窗户，所以这儿不仅有充足的光线，还有美丽的风景。在这个三十步长、十二步宽的小小的空间里，我免去了很多麻烦，还省下不少开支，还有那足够高的隔音墙，这些都使得我可以远离一切，安心沉浸在书的世界里。

每个休息的地方都应该有散步的空间；如果我静静地坐着，我的思想就会沉沉睡去；但我从不会任幻想飘摇而不加制止。我的双腿会让它们在适当的时候停下来；而那些学习时不看书的人则通常都是一样的。我的书房是圆形的，除了几面干干净净的墙壁、一张书桌和一把椅子，剩下的就是环绕着墙壁排放的五排书架了。这样我就可以坐在中间，对我的那些藏书一览无余了。

这个以十六步距离为半径的圆房子三面墙上都有窗户，所以从这里望出去，可以看到三个优雅宽阔的视野。冬天，我并非一直都待在这儿；因为想要远离俗世的尘嚣的我，当初正是因为爱上了它的偏僻，它的高耸，喜欢身处其中那种完全暴露在自然之中的感觉，才决定定居于此的。这儿是属于我的王国，我努力使自己成为一名纯粹的称职的国王，统治好这个与世隔绝的小小角落，使它摆脱尘世里的婚姻和子女的枷锁，还有那些纷繁复杂的社会关系。在别的地方，我除了不断地说些无关紧要的瞎话，什么都不能做。在我看来，那种人实在太可怜，因为他没有一个让他找回自我的家，也没有一个自娱自乐的天地，更无法从人群中抽出身来。野心会让她的追随者们像市场里等待出售的雕塑一样，时时刻刻都表现得像在做秀："巨大的财富就像那些大奴隶主一样奴役着人们。"他们从不满足于些许的最基本的自然需求。我一直认为，节俭的生活和宗教的教义一样，都是十分严肃的；也就是说，为了获得一个恒久的世界，它们都需要规则来规范每个行为，还需要很多很多的帮手来帮助他们实现这一目标。

如果有人告诉我说，在娱乐的时候仅仅用沉思来打发时间是一种浪费，那我要告诉他，那是因为他不像我一样深刻了解娱乐休闲的价值；我不能再说下去了，再说就会让本文显得有些可笑了。我穷得一塌糊涂，如果要说得体面些，那就是我为了自己而活，穷得也有志气。这是我的意愿，也会成为我人生的终点。年轻时，我曾为了满足自己的虚荣心，为了让自己变得聪明而学习。现在，我是为了娱乐自己而看书，绝不是想从书中得到什么。从此之后，那种不仅为了满足自己的虚荣心，而且多半是因为想炫耀自己的知识的做法,在我看来,已经是徒劳无益而且愚蠢的了,所以很久以前我就抛弃了这种做法。

对那些懂得如何选择书的人而言,书十分诱人。但是,每件美好的事物都有它不好的一面。从书中获得的乐趣是最复杂、最不纯净的。书有书的伟大之处,也有它的不便之处。它的确可以锻炼人的心智,但同时因为身体缺少锻炼而变得沉重和消沉起来。不过多年来我倒是一直都很重视身体的锻炼。在我年纪一天天大起来时,我学会了适可而止,并避免接触那些对我身体有害的东西。

(《阅读的盛宴》新世界出版社,2015 年第 1 版)

读书应该是一种享受

毛　姆

一个人并不是总能像他应该做到的那样出语谨慎。我曾在《总结》一书中写道，一些年轻人经常询问我关于如何读书的意见，那时我并没有考虑到这一点的后果。后来我收到了各式各样读者的来信，他们都想知道我给出的建议究竟是什么。我倾尽所能地回复他们，然而想在私人信件中说清楚这件事，到底是不太现实的。鉴于有如此多的人想要这样一份引导，那么我根据自己对娱乐性阅读和普及知识类阅读的经验，简要地发表一下看法，也许他们是愿意听的。

我想要指明的第一件事就是阅读应当是享受的。当然，为了应对考试或学习知识，我们需要阅读许多书，这类阅读中是不存在什么享受的。我们只是为了获得知识而进行阅读。唯一能做的便是祈祷因为我们需要它，所以我们不至于在通读它的过程中觉得乏味。对于这类书，我们是不得已才会去阅读它们的，而不是乐意去读。这种阅读不是我心中所指的那种阅读。我接下来要提到的书籍既不会帮你拿到学位，也不会教你谋生的本事；不会教你如何航船，也不会教你如何修理停运的机器，但是这些书会让你活得更加丰满。当然，要让这些书籍起到这样的作用，你得享受地沉浸在阅读中。

这里的“你”是指工作之外有所闲暇并愿意阅读的成年人。对于这类人而言，不读某些书会有点太可惜了。我并非是指书虫，因为书虫自有自己的阅读方式。他的好奇心将会带他去往很多新奇的路径，在这趟阅读之旅中，他的乐趣是找到那些近乎被遗忘的优秀作品。我希望向大家介绍一些长时间被公认为佳作的作品。通常认为几乎所有人都读过这些作品，但是遗憾的是真正读过这些作品的人寥寥无几。确实有一些作品，它们被所有优秀的批评家所称道，文史学家们也贡献出不少精力去研究它们，却没有普通人能够在享受中读这类作品。这类作品对于学者来说很重要，但是变换的时间和品味剥去了作品的味道，所以读者在阅读的时候也只好耐着性子。我来举一个例子，我读过乔治·艾略特的《亚当·比德》，但我不能摸着胸口说在阅读的过程中是享受的。我读完这部作品是出于责任感，当我读完最后一页的时候，心中长舒了一口气。

这类让人在阅读中难以产生阅读兴趣的书我没什么可说的。每位读者自己都是最好的批判家。不管学者们对一本书的评价如何,不管他们是多么一致地对一本书盛赞,要是你对这本书不感兴趣的话,你就不必去理会这本书。不要忘了批评家们也经常犯错误,在过往的批判史里,那些知名的批判家所犯的愚蠢错误比比皆是。你才是对你手中所读书籍的价值的最终评判者,这一点当然也适用于接下来我将给你们推荐的书。我们每一个人都不尽然相同,即便有所相似,我认为的那些于我而言很有价值的书籍对你而言却不一定如此有价值。但是我想提到的这些书籍的确让我在阅读之后知道了更多东西,如果不是阅读过它们,我想我也不会是今日的我。所以我请求你,如果你们其中的任何一个人是因为我的推荐才读这些书的,那么我建议你们合上这些书;如果你不享受着去阅读的话,它们只会对你毫无益处。没有人必须要去读些诗歌、小说,以及那些被列为“纯文学”的书籍(belles-lettres是法语中对纯文学统称的一个术语,我希望英语中也有这样一个术语,但就我所知并没有),必须带着愉悦去阅读才行。但谁又能保证能带给一个人愉悦的书籍就一定能让另一个人愉悦呢?

请不要认为这种愉悦是不道德的。愉悦本身是好的,它就是纯粹的愉悦,但是某些愉悦有时会带来不好的后果,因而明智的人会主动避开某些愉悦。愉悦不一定就是肤浅的和满足感官的。各个时代的智者都已发现,获取知识的快乐是最让人满意的,也是最为持久的。所以保持阅读习惯是非常好的。在度过了生命的黄金年华之后,你会发现你能欣然参与的活动已为数不多。除了象棋、填字游戏,几乎没有一种你一个人就能玩起来的游戏。但是阅读就不一样了,它丝毫不会让你有这种困扰。没有哪一项活动可以像读书一样——除了针线活,但它并不能平复你焦躁的心情——能随时开始,随便读多久,当有人找你时也可以随时搁下。没有其他娱乐项目比阅读更省钱了,你在公共图书馆的那些愉快日子和阅读廉价版图书时的愉快体验正好说明了这一点。培养阅读的习惯能够为你筑造一座避难所,让你逃脱几乎人世间的所有悲哀。我说“几乎”,是因为我不想夸张到说阅读能缓解饥饿的痛苦,或者平复你单相思的愁闷。但是一些好的侦探小说和一个热水袋,便能让你不在乎最严重的感冒的不适。相反,如果有人必须读那些使他觉得无味的书,谁会养成为了阅读而阅读的习惯呢?

下面我将按照年代顺序来谈我想要提到的书,这样更便利些。当然,如果你决心要读这些书籍,也没有必要一定按照这个次序。在我看来,最好是按照你个人的喜好来阅读这些书,甚至不一定要读完一本再读一本。就我而言,同时阅读四到五本书会更符合我的阅读习惯。

毕竟,你每天的情绪都不同,就算在一天内,你也不会每时每刻都想要去阅读某本书。我们必须让自己适应这些问题,而我逐渐养成了最适合自己的读书习惯。在早上,当我工作之前,我会先看一会儿哲学类或科普类的书籍,阅读这类书籍需要一个清醒和专注的头脑，这样做能激起我一整天的活力。当我的工作完成之后，我便想要放松。此时我倾向读一些历史、散文、批判性文章和一些传记类作品，以使我的大脑放松。除了这些，我还在手头放着一些诗集，以便我随时兴起想要翻一翻。我的床边也放着一些书，可以随时开始翻阅，也可以随时在读完哪一段后放下，不过，这样的书太少见了。

（《阅读是一座随身携带的避难所》北京联合出版公司，2017 年第 1 版）

第 二 编

有书赶快读

邓　拓

我有许多书，没有好好读；有的刚读完还记得清楚，过些日子又忘了；偶然要用，还要临时翻阅，自己常常觉得可笑。

这种情形别人不了解，总以为我有什么读书的秘诀，不肯告人。其实我的确什么秘诀也没有。把真相坦白地告诉读者，还有一些人仍然不相信。几个学校的青年同学来信约我去讲读书的经验，我很惭愧不能答应他们的请求。昨天到书店门市部走走，遇见几位同学，不客气地拉住我，说要"聊一聊"。我们终于就目前读书的问题聊了一阵子。看来他们都在找书读，而以找不到自己需要的书籍为苦。我们的话题就从这里展开了。

有书的人不一定读书，没有书的人却到处找书读，这是多么不合理的现象！然而，这又是很自然的现象。因为没有书的人如果不向别人借书，不到图书馆借书，也不来书店门市部看书，那就简直毫无办法；而有书的人，总觉得书已经属于自己所有，随时都可以读，满不在乎，反倒不急于读书或者不想读书了。这种现象不是人人都能遇见的吗？

大家也许还记得，以前报纸介绍过宋代苏东坡写的《李氏山房藏书记》和清代袁枚写的《黄生借书说》这两篇文章吧。我们要学习古代读书人的勤奋精神，千万不要藏着一大堆书而不加以利用。

我想在这里向大家介绍另一个故事。明代有一部笔记，名为《泽山杂记》，不知作者是谁。这部笔记中叙述了明代洪武年间的一位御史大夫景清的事迹。景清与方孝孺齐名，为反对永乐政变而同时殉难的明代杰出人物。他在青年时代，勤奋读书，过目不忘，为同辈之冠。据载："景清倜傥尚大节，领乡荐，游国学。时同舍生有秘书，请求而不与。固请，约明旦即还书。生旦往索。曰：吾不知何书，亦未假书于汝。生忿，讼于祭酒。清即持所假书，往见，曰：此清灯窗所业书。即诵辄卷。祭酒问生，生不能诵一词。祭酒叱生退。清出，即以书还生，曰：吾以子珍秘太甚，特此相戏耳。"

像景清这样勤学强记的人，实在难得。但是正因为他自己没有秘本，而如饥似渴地想读同舍朋友的秘本，所以他特别努力，只用一夜的工夫，就能背诵全书。反之，他的同舍朋友虽然藏有秘本，却没有读它，所以经不起考问。显然，景清的目的是要警告他的朋友，要朋友注意利用书籍，不要死死地藏书不用，而不是想要强占他朋友的秘本。

从这个故事中，我们得到什么体会呢？我以为，最重要的体会是：有书就要赶快读，不论是自己的书，或是借别人的书。即便有些书籍本头太大，内容很多，无法全读，起码也应该扼要地翻阅一遍，知道它的内容，以免将来要用，临时“抓瞎”。

清代的一位著名学者包世臣，留下一些名言，对我们理解这个问题也很有启发。他曾经写过许多对联，一直流传至今。其中有一副对联，我忘了他写的上联，只记得下联是：“补读平生未见书”。这一句给我的印象特别深。还有一副对联，我也只记得下联，他写道：“闭户遍读家藏书”。这一句同样使我受到很大的鼓励。后面这一句似乎不是包世臣自己的，而是宋代陆放翁的诗句。

古人每到书多的时候，往往也有了相当的地位，正如袁枚说过：“通籍后，俸去书来，落落大满，素蟫灰丝时蒙卷轴。”这不能不引起认真的读书人的警惕，他们时常写下许多座右铭、对联之类以鞭策自己，生怕一天到晚忙忙碌碌，什么书也没有读。以古喻今，那么，我们现在就更要趁着年轻的时候，抓紧机会，赶快读书。

有的青年同学认为，景清能够读到秘本，真“带劲”，我们可惜没有什么秘本可读，这怎么办呢？其实，古人所谓秘本，内容并不稀奇，我们现在的图书馆拥有成千成万的历代秘笈珍本，如果你需要，就可以借来阅读。何况古人所谓秘本，有许多现在都已经大量翻印了，很容易买到手，又有什么稀奇呢？更重要的是，我们这个时代最伟大的革命经典著作，人人都可以读到，这个条件实在太好了，古人又怎么能够比得了我们呢？

最后，我奉劝青年朋友们，你们手上哪怕只有几本政治理论和科学研究的书籍，也要赶快先把它们读得烂熟。因为它们所包括的知识内容，是非常丰富的。这些是最重要的基础知识。只有让自己的基础打好了，将来读其他参考书才能够做到多多益善。如果现在丢开这些基本的书籍不认真苦读，一心想找秘本，只恐望梅止渴，无济于事。一句话，我认为你们现在手上已经有书，希望你们赶快读吧。

（《名家读书箴言》青岛出版社，2014 年第 1 版）

我和书

吴鲁芹

我常常希望自己是爱书成癖的人，或者，等而下之，是爱钱成癖的人。能两者都是当然更好——那就雅俗共赏了。

我们似乎对爱书的人，一向另眼看待。《晋书·皇甫谧传》说："谧耽玩典籍，忘寝与食，时人谓之书淫。"如果他不幸耽玩的是别种东西，不是书，那就是罪恶了。而且通常"淫"字与别的字连在一起，总是坏事居多；唯独和典籍攀上关系，就可以入传，垂诸永久，几乎可以同近世的名誉学位媲美了。

可是爱书也要几分天赋，废寝忘餐，不同于政治舞台上人物的疾病，是装不了假的。像《梁书·刘峻传》所载，这位耽玩典籍的书痴，不仅没有红袖添香伴读的福气，连烛光都没有，于是"常燎麻炬，从夕达旦"。这种人如果不是对书有癖好，必定是精神上有异状了。此类痴情，不能像早起、守时等等习惯，可以从培养得来，多少是天生的。

这种天赋，我不幸没有；对我的妻小而言，是幸而没有。虽然我不能故做违心之论，说书与我无缘；但我之爱书，是若即若离，还不到成癖、如痴的程度。因此对西方书痴"面包可少而书不可少"的崇高境界，以及《北史·李谧传》上"丈夫拥书万卷，何假南面百城"那份不可一世的英雄气概，甚少起感情上的共鸣。说老实话，我手边的钱，若仅够糊口，一定先买大饼，次及典籍。我生来大约就缺少诗人的气质，起早通常是为了赶路，不是为了看花。虽然也喜欢坐在院子里看月亮，到该睡的时候，还是蒙头大睡，并不舍不得室外的清光。总而言之，是个俗人。将近二十岁的时候，照说是诗人气质占上风的年纪，但是记得——已经是二十年前了——有一次，在一本《牛津诗选》与一个月的伙食二者不可兼得的局面之下，我还是毫不犹豫先缴清了伙食钱。那时通货已经微微膨胀，等到我行有余力，可以买书，书价又水涨船高，高攀不上了。约莫有两年时间，那部《牛津诗选》，成为我生活中一个小小的讽刺。青年人原多幻想，可望而不可即的东西，往往是很多的；但就我而言，在那时，诸多可望而不可即的事物中，没有比那部诗选更具体、更咄咄逼人的了。

后来，有一天我手边的通货，居然迎头赶上那部书的价钱了，那时可惜还没有克难成果这一类名词,否则我一定要掠美了。一个穷学生,偶然能阔气一下,是件大事,个中滋味,说来局外人是甚难置信的。它与暴发户很生硬的豪华不同,与浪子挥金如土也不同。它缺少这两种人有恃无恐的心理状态。自己既知道这种快乐是不会常有的,盛筵难再,就不免希望三五分钟即可银货两讫的交易,能拖得长久一点。寒士偶有余力能买把本心爱的书,那层兴奋与狂喜,大约没有比英国散文大家兰姆(Charles Lamb)写得更传神的了。他在《古瓷》(*Old China*)一文中,借乃姐的口气,叙述买回博蒙特与弗莱彻(Beaument and Fletcher)的集子之前,两个人瞧着那本书,差不多瞧了几个星期才下决心去买。买回来时已深夜,但是兰姆怎么也不忍让脱散的书页挨到天明,于是乃姐只好用浆糊赶忙去修补。接着,他仍借乃姐的口吻问道:“做个穷人难道没有快乐吗?”

这种快乐,到了买书能随心所欲,就不存在了;同时买书能随心所欲,就难免失之于贪,失之于滥,摆设的意义重于浏览,往往甚少终卷的余裕了。世上甚多藏书甚富之人,严格说来,只是收藏家,寝馈其间的反是书蠹;倒是分工合作,各得其所。我平时十分同意西班牙人的一句谚语,那就是:“好书好友,为数不必过多。”人生知己,不过三五人而已;若为数三五百,那一定是有共同信仰的同志或教友了。好书能有上百数十本,已颇不寒伧,至少这数目,我还只有心向往之的份儿。我日常甚少买书,买了就想能终卷,贝内特(Arnold Bennett)说得好:“一本好书之是否为好书,以及你配不配称它做好书,要看你是否已读完它。”

但是读完一本书,也并不容易。这世界是不是一年比一年进步,吾升斗小民说不上来,不过生活在这世界上,一年比一年忙碌,是千真万确的,至少升斗小民同有此感。大约有些有识之士,也有见及此,于是为这些匆匆行路之人,安排好一些精神上的干粮。因此名著有浅述,新书有摘要,省时省事,真到了家。还有更省时省事的办法,就是看报章杂志上的评介文章,不仅对那本书略知梗概;茶余酒后,还可搬出别人的唾余,略陈管见,一举两得。我有不少事情,尚可勉强跟着大时代的巨轮向前滚,唯对于读好书摘要的时尚,自甘落伍。法国的散文大师蒙田(Michel Eyquemde Montaigne)的文章,有甚多深奥之处,我不甚了了,但是有一句话论到好书摘要的,十分浅显好懂。他说:“任何好书的摘要,都是愚不可及的东西。”这位老先生若生在今日,一定劝人多写散文,少作说部。长于撷取精华作节本的人,碰到英国的培根、兰姆,法国的蒙田,多少要有束手无策之感。我之不喜读摘要,一半也由于贪啬。一本好书,一如一位绝代美人,不能隔着帘子看。更不能神龙见首不见尾,支离破碎,要别具慧眼的人才看得出其动人之处;在常人眼里,总是不美的。所好我的职业,不用多少学术根基;在读书方面,也就毋庸装门面。即使当众承认没有读过什么什么书,也无伤大雅。现在已渐入中年,知道来日无多,心中也常黯然,某些书还未读过,总是此生对不起自己的事之一。

然而脾气依然固执。总不想用书上的浅述或节本,来弥补我因循的过失。书对我完全是一种享受,享受可以没有,但不能打折扣,一打了折扣就不称其为享受了。书的节本或浅述,都是打了七折八扣的牺牲品,属于经济小吃一类,不容易朵颐称快的。

当然,朵颐称快,要有财力与时间,二者缺一不可。有钱至多只能做到一个收藏家,买一本书的乐趣,与多添一只花瓶,没有多大不同。升斗小民通常时间金钱都不宽裕,因此我买书少,读书也少。我生平不大服膺"开卷有益"这句古训,这叫人对文字起近乎迷信的崇敬,是不妥当的。尤其近世印刷发达,印成书的形式而并不算得是书的东西,真是汗牛充栋。我们要昧了天良,才能劝人相信"开卷有益"这句话中确有至理。"开卷有益"这种见解,在西方也曾盛极一时,塞万提斯在《唐吉诃德先生传》(*Don Quixote*)中说过,"任何坏书,都会有点好处"。美国作家霍姆斯的譬喻就更妙,在《用晨餐时的诗人》第十一章中,他说,一本坏书,就像一艘有漏洞的船,在智慧的大海中航行,总会有些智慧从漏洞中流进去的。这些见解意在说明天下无绝对的坏书,坏书亦自有其好处。以训子的书翰为世所称的切斯特菲尔德男爵也是开卷有益的信徒,他认为看任何书,总比不看书好。这些都是有闲阶级好整以暇的看法。披沙捡金,自然是好事,有乐趣,也有价值,奈何为生活奔忙的人,时间不许也;而且生在两三百年以前的人,也想象不出今日充塞市上只是书的形式而不配称作书的印刷品,有若是之多,否则他们也要修正那一类的见解了。

至于我,读书纯为了享受,在选择上是不免斤斤计较的。买书也斤斤计较,为的是财力还不准随心所欲。书少买,也就少累赘,至少在逃难时不致发生一手抱孩子,一手还要抱书,或者抱了孩子就不能抱书,抱了书就不能抱孩子,那种难舍难分的狼狈状态。这时书无疑是一种灾害。此类书灾,我尚未尝过。买书少,在选择上斤斤计较是难免的,那情形可能近乎手边不甚宽裕的主妇去买件把衣料。

我一向不大喜欢陪太太进布铺,我也从不请太太陪我去买书。

(《名家读书箴言》青岛出版社,2014年第1版)

青春伴书最痴狂

朱永新

因为阅读为伴，我的青春岁月没有轻狂；因为阅读为伴，我的教育之路走得痴狂。从这里开始，阅读真正成为我一生的生活方式。

母校，是一个人的精神故乡。

苏州大学是我的母校，虽然年岁渐长，离校渐远，但我的精神总是一次次返回那片校园、那段岁月，回首往事从未让我叹惋，相反每次我总能从回忆中汲取青春的激情、不竭的动力，重新启程。因此，我也为母校写下不少文字，《光明日报》编辑《走进苏州大学》专刊，我写了一篇讲述苏大精神的小文《百年东吴仍青春》。到了母校 110 岁的生日，我为之写下《与书相伴的日子》。其实说到底，在那段青春岁月里，我所做的最重要的一件事就是——阅读。

一个苏北小镇上的农村孩子背着一个自制的小木箱，怀着欣喜、好奇，甚至还隐隐藏着几分胆怯，踏上了苏州的土地，来到了一所当时叫作江苏师范学院、数年后更名为苏州大学的学校。这个孩子，就是 1978 年的我。从那时起，我的生活，我的命运，就与这所学校血脉相连。

刚进校时，我读的是政史系，100 多人的班级。不久，政史系又分为政治教育与历史教育两个系，但是，班上的同学已经感情深笃，不再分离。

这段时间，我的阅读首先是读人——同学中许多是老三届的，社会经验丰富，知识基础扎实，外语能力卓越；我们的老师，大部分也是满腹经纶、才华横溢、循循善诱。这些性情不同、经历各异的老师与同学，对我而言都是一本书，我关注他们，聆听他们的故事，既受益匪浅，又内心深处经常涌动起强烈的自卑感。于是，开始拼命恶补。

中学基本上没有学过外语的我，有一段时间疯狂学习英语。我每天清晨在学校操场长跑 10 圈左右，回宿舍冲个冷水澡，就去教室自习，背英语单词，把薄冰的英语语法书、张道真的教材翻了又翻，读了又读。读着读着，语法、教材不免枯燥，于是我就找原版本书来学习。记得当时翻译了一本《东方故事集》，还兴致勃勃地投稿到出版社。尽管没有出版，但是，我从此对外语毫无惧怕，后来到日本留学需要学日语，也是如法炮制。

课外阅读上，我从图书较少的农村闯进大学校园，简直像刘姥姥进了大观园，惊喜交加，一时间竟不知如何下手。喜欢读书的同桌刘晓东成为我的阅读"导师"，读他带来的书，开始我大学阅读的启蒙。读着读着，自己对选择怎样的书也就有了感觉，后来就自己去图书馆借书，几乎两三天换一批书。换书换得勤，与图书馆的老师们渐渐混得很熟，又多了个好处，就是经常能多借几本回去……

那是我一生最充实最幸福的时光。后来我给在大学读书的儿子写过一封信《大学是读书的天堂》，就是我自己的切身体会。我不敢说自己那个时候真正读懂了多少，但是，我的阅读习惯和兴趣从此养成。今天，我成为全国有一定影响的全民阅读的推动者，应该说，与当时的阅读经历是分不开的。

书读多了，就有不吐不快的冲动。记得当时许多同学对作业怨声载道，我却并不介意。我把每次的作业作为挑战，力图写成有一定水准的文章。当时有位吴建国教授，是苏联留学回国的哲学博士，讲课逻辑严谨、见解深刻，深受学生尊敬。我有一次写一篇关于群众创造历史还是英雄与群众共同创造历史的文章，请教于他。他对文章的结构、内容、文字全面点评，还鼓励了我一番。可我拿回文章一看，发现竟然没有只言片语的批评，更是对老师的功力佩服得五体投地。从此算是知道了什么是真正的学问及怎样去做学问。

除了专业写作，那时还有一段为文学疯狂的日子。我自幼喜爱文学，走进大学时，卢新华的伤痕小说正在点燃许多大学生的文学梦想。我由此开始大量读文学作品，读中外诗词，也悄悄写了不少诗歌。虽然大部分不能登大雅之堂，但喜欢读诗，喜欢诗意的生活，喜欢激情的创造，从此融进我的生命。

在我人生的关键转折点，阅读再一次发挥了威力。我读大三时，恰逢学校急需补充教育心理学教师，决定在大三学生中选拔 5 人送到上海师范大学教育心理学研修班打造。消息一公布，立即就有几百名同学报名，个个都是精兵强将。强手如林，但我仍然不愿放弃这个机会。我抱着自己课外阅读教育学、心理学时写下的笔记，直接去找系总支书记。这一摞沉甸甸的笔记，比任何誓言更能说明我对教育的热忱。于是，我终于得到了机会和大家一起竞争，最终过关斩将，被幸运录取，从江苏师范学院的学生，变为一名学院的"准教师"。

1982 年 7 月，当我学成归来的时候，江苏师范学院已经改名为苏州大学；1987 年，我成为苏州大学也是当时江苏省最年轻的副教授；1993 年，我成为苏州大学也是当时全国最年轻的教务处长之一；后来，我的工作又有变动，先是成为苏州市人民政府的副市长，后又担任民进中央副主席……

无论我走多远，从 1978 年开始，阅读成为我一路的坚持。无论身在何处，担任什么职务，我总是抓住繁重工作之余的每个间隙，黎明深夜，车上路上，如饥似渴地读着，读着……

我经常想,我一生最充实的时光就是在天堂读书的日子。因为阅读为伴,我的青春岁月没有轻狂;因为阅读为伴,我的教育之路走得痴狂。从这里开始,阅读真正成为我一生的生活方式。我生命中最宝贵的东西,是在这个天堂里爱上的阅读。我要用我的一生,将这份天堂里得到的心灵大礼,推荐给更多的人。

(《我的阅读观》中国人民大学出版社,2012 年第 1 版)

阅读，让全民族精神起来

朱永新

时代需要号角，催醒亿万人民的奋进；

民族需要战鼓，擂响华夏儿女的精神。

审视天下大势，纵观古往今来，一个国家，一个民族，要兴旺发达、繁荣昌盛，要昂首于地球群脉之巅，要自立于世界民族之林，必须依靠一种振奋的民族精神。

没有振奋的民族精神，就意味失去凝聚；

没有振奋的民族精神，就等于没有灵魂。

这所有的一切，都呼唤我们捧起书本。在我们的灵魂深处存一笔精神财富，我们将享用一生，荫及子孙。

站在世界之巅看世界，中国是一本早已翻开的巨著。世界最美的文字记录着的，有自豪也有屈辱，有崛起更有奋争。

中国人应当读懂中国，读懂自己黄皮肤里浸透着的血质；

当代人必须读懂世界，读懂全球一体化中赋予了的身份。

一个学习型的民族，才是一个不老的民族；

一个爱读书的华人，方能将龙的血脉相承！

书籍对所有的人都是平等的。即使你没有上过任何学校，只要你愿意去求教，它们都不会拒绝。

开卷有益，择卷更有益。信息时代呼唤高质量的阅读。茫茫书海，适合我们的永远只能是冰山一角。越是清楚知识分量的人，在阅读上的选择越谨慎。阅读选择是人生选择的重要部分。

我们祈望看到，每一位中国公民都能捧起一套经典，拒绝粗制，拒绝盗版，与知识为友，与大师为友，与真理为友，用最静心的阅读，来充实自己比天空更广阔的心灵；我们祈望看到，每一个中国家庭都能坐拥一壁藏书，上至天文地理，下至草木虫鱼，大至立身处世，小至人情物理，情的萌动，语的呢喃，灵的呼唤，尽在其中；我们祈望看到，每一所中国学校都能开设一门课程，阅读经典，阅读思想，阅读文化，阅读精神，那些充满爱国情操的诗句不胜枚举，那些昭示自强不息品格的至理名言，同样取之不尽……

真知总在书中，忽微忽著；

精神永存行间，时隐时现。

让我们从现在开始，制定一生的读书计划。那是民族创新的基石，伟大复兴的动力，可持续发展的加油站。

——阅读，让贫乏和平庸远离我们！

——阅读，让博学和睿智丰富我们！

——阅读，让历史和时间记住我们！

——阅读，让吾国之精魂永世传承！

（《我的阅读观》中国人民大学出版社，2012 年第 1 版）

寻找阅读的专业属性

管建刚

阅读教学要培养普通阅读者，然而不能到此为止。语文课堂里的学生，跟普通的阅读者不一样，学生是专业的语文学习者。阅读，有它的专业属性。阅读数学书、阅读历史书、阅读生物书、阅读思品书，跟语文课上的阅读根本区别在哪里？不在能否懂得意思，也不在获取意义，而在于表达。童话《白雪公主》和电影《白雪公主》有什么区别？小说《红楼梦》和电视剧《红楼梦》有什么区别？内容上，只要忠于原著，没什么区别。区别在表现手法，电影、电视剧的表现手法和小说的表现手法完全不一样。作为专业的语文学习者，对表现手法的理解才是专业所在。好比魔术师看魔术师的表演，魔术的内容和意义一看而过，费心琢磨的是别人是怎样表演出来的，它的奥秘究竟何在。阅读中，对意思的理解属于“自然消化”，而探究表达奥秘的阅读则属于“美食家”的工作。指向写作的阅读要细思慢想。

“写什么”和“怎么写”，就像人的肉体和灵魂，没了肉体，灵魂也就失去了依靠；丢失了灵魂的肉体，无疑是行尸走肉。只理解内容的阅读者，不说是“行尸走肉”，至少是不够专业的阅读者。

力气花到什么程度，才读懂“写什么”呢？我以为，把握全文的主要意思和中心，就可以了。一些内涵上的东西，可以适当忽略，也可以渗透在“怎么写”的理解中、领悟后。“怎么写”是里面的“肉”，“写什么”是外在的“皮”。理解了“怎么写”，一些意思、意义回头看，便清晰了。“怎么写”的基础是“写什么”，反过来，“写什么”的理解也会依赖于对“怎么写”的理解。

阅读内容理解上的障碍，主要来自三点：一是缺乏背景知识，只要提供相应的注解或读物即可；二是缺少生活体验，意义理解的难点大都在此；三是表达的陌生化。小学二年级的学生读不懂《青蛙看海》，因为文中有一大段对话，对话中的提示语：有的在前，有的在后，有的在中间；有的省略提示语，有的提示语里有“说”字，有的却没有。孩子第一次接触提示语位置的变化和省略的提示语，自然读不懂。这里的“读不懂”，不是意思读不懂，而是表达形式读不懂。

一

“指向写作”的阅读课，指向的是阅读的专业属性。语用能力当然不只有写作能力，语言积累、朗读能力、搜集和提取信息都是语用能力。但是语用能力不能总停留于积累、朗读、搜集和提取。

语文教学有一派说法——没有积累哪来运用，小学重在积累，以后运用。其实不必等子弹填满了，才举枪射击。边填子弹，边看猎物，边寻找机会射击。况且，学生的语言库从不是空仓。语言积累不只是“书”中之事。苦读十年，却不能学以致用，捧着书消遣以逃避现实？“指向写作”的阅读，发展语用能力是必然和必需的。

作为专业的语文学习者，与专业的游戏开发者一样，阅读的背后，有一个重要的目的，就是能创造供别人阅读的产品。阅读教学要培养专业的阅读者和具有创造性的阅读者。这个“创造性”，即“指向写作”。

儿童作文应该是“自己的话，别人的结构”，现实的情形却是“别人的话，没有结构”。儿童怎么会用“别人的话”而不用“自己的话”呢？这是太重视积累的缘故，学生以为“自己的话”是口头的话，不上档次的话，不能入文的话，只有书面语，才能入作文。

儿童作文，缺的不是语言，而是结构。儿童作文的结构，几乎处于“原生态”，教师几年教下来，教和没教一个样。其实，语言积累可以有多种渠道，结构却要从一篇篇文章中读取。阅读教学要指向语言的结构、段和篇的结构，而不是语言本身。阅读教学不讲段构、篇构，势必要在作文教学中专门讲，只要教材合适，“专门讲”时，一般都会选用课文作例子。既如此，何必一番事体两番做？何不在阅读教学中“指向写作”呢？

二

文章本天成，妙手偶得之。文章哪有技巧可循？此话既对也不对。邓亚萍打球有没有技巧？比赛中，邓亚萍不可能有任何技巧的想法；训练中的邓亚萍，不可能没有扎实的技巧训练。对手要备战邓亚萍，也会仔细观看邓亚萍的比赛，从中分析她打球的技巧、风格，可见，无技巧中又充满了技巧。写作的最大技巧是无技巧。写的时候忘了技巧，不是说不存在技巧，而是技巧已经完全融入写作本身了，连作者本人都没察觉。完全无技巧的意识流作品是有的，却不多。

小学教材中，这样的作品几乎没有。莫言的《蛙》很有技巧，朱自清的《匆匆》、叶圣陶的《记金华的双龙洞》、冯骥才的《珍珠鸟》，都很有技巧。语文老师要像专业人士揭秘魔术一样，揭示课文背后的表达技巧。文本的解读，本质上不是揭示真相，而是基于儿童，基于自我。

“你怎么看20年后的中美关系”“请你谈谈对第二次世界大战的看法”……美国学生常有此类大话题的写作。这种写作，必要进行大量的阅读。这种“基于研究任务”的阅读，本质上是“指向写作”的阅读。阅读中获得材料、产生观点，都是“指向写作”的一部分。作文教学研究的淡漠和滞后，很容易窄化写作，也容易窄化“指向写作”的阅读课。“指向写作”的阅读课，不只是指向写作的技巧，也指向写作的情感、写作的思想。写作里所有的东西，涵盖了阅读里的东西。没有充沛的情感就没有好的写作，没有独到的思想就没有好的写作，没有高尚的人格只能生产伪文章。

“指向写作”的阅读课，不是将以往的阅读教学的价值点抛弃，而只是视角的变化。以往教师从内容和意义的角度看思想、情感、人格，现在从写作的角度理解。遗憾的是，很多语文教师自身没有写作的甘苦得失，对儿童作文、儿童作文教学的理解又存有严重偏差，作文教学变成“作业教学”，作文的勇敢和真诚、豁达和缜密、宽容和担当，荡然无存，写作净化心灵的功能，写作本身具有的道德属性，随风飘散。

三

“指向写作”的阅读课，要钻研课文里的写作知识点、技巧点，更要钻研学生现有的作文状况，明了学生作文最需要什么，最欠缺什么。在我的教学中，因为学生作文时不知道省略提示语和提示语位置变化的妙用，于是就有了《变色龙》的指向写作的教学内容；因为学生作文常由着性子写，不大考虑顺序的安排以及内容与总结之间的顺序关联，于是有了《陶校长的演讲》指向写作的教学内容；学生作文写到哪里算哪里，不知道段落匀称的追求，不知道故事连接的丰富和美感，于是有了《理想的风筝》的教学内容。学生作文写到什么程度，决定了阅读教学的“写作点”挖掘到什么程度。很多时候，课文本身有更精彩的写作知识、写作技巧，这阶段的学生不需要，那就不教。从这个意义上讲，不了解学生作文状态，不了解作文教学，很难做好“指向写作”的教学内容的选择。也正是如此，“指向写作”的阅读课，能够实现真正意义上的“读写结合”，实现“阅读”和“作文”两条腿走路。

必须申明，“指向写作”的阅读课和“读写结合”，有着根本不同。首先，“读写结合”中，写只是内容理解的一种方式。在教《第八次》时，布鲁斯王子在磨坊里看到蜘蛛一次又一次地结网，到第八次才结成了一张网。教师请学生发挥想象，从一次又一次结网的蜘蛛说起，它身上有着一股怎样的精神，再写布鲁斯看到这一切想了什么。这里的“写”，是为“读”服务。“指向写作”的阅读课，正好倒过来，“读”是为“写”服务，内容理解是基础工作，表达奥秘才是重点工作。其次，不少“读写结合”重在“字词句”，品析“字词句”里的情感和含义，点出遣词造句上的精妙。小学低、中段，这样做可以，而高段就不够了，“段构”“篇构”，要成为高段的重点。“篇”“段”波及面大，教学要撒得开，势必要减少内容的理解。再次，“读写结合”中的“写”，大都指“动笔写”的“写”。一些地方，甚至要求一课一写，写了才算读写结合。“指向写作”的阅读课，动不动笔不是关键。它重在写作意识的培育，写作知识、技巧的渗透，至于写作知识、写作技巧什么时候能用上，不强求。最后，“指向写作”的阅读课，不在“写不写”上纠缠，它关注是不是“真写作”。很多课例，要求学生想象写话。如上面所举课例《第八次》，那样教不是在养育写作，此处，最要学生明白的是，布鲁斯明明有那么多内心活动，课文为什么不写、为什么留白？另外，“指向写作”的阅读课，所教授的写作知识、技巧与文本息息相关。不少的“读写结合”，则脱离了文本的表达特点、表达奥秘。

四

“指向写作”的阅读教学，不单指向文字技巧，也指向文心技巧。目前“指向写作”的阅读课研究，尚处于文字技巧的阶段。高年段的文字技巧，重在篇感、段感。以篇感为例，有许多值得研究的内容。(1)故事不等于作文。其中有作文小于事情的情况，比如《我不是最弱小的》《穷人》，课文结束了，故事没完结。也有作文大于事情的情况，比如《苹果里的五角星》《山谷中的谜底》，故事早结束了，文章还往下写。(2)悬念。有的故事本身有悬念，只要顺着故事写，悬念就产生了；有的故事没悬念，作者用技法写出了悬念。(3)对比。《林冲棒打洪教头》，林冲与洪教头的对比；《夹竹桃》中夹竹桃和其他花的对比……(4)段落匀称。主要段落的字数都差不多，如《小镇的早晨》一、二、三节；还有间隔性的段落匀称，如《烟台的海》第二节和第四节、第三节和第五节。(5)相似句。《云雀的心愿》《小镇的早晨》《陶校长的演讲》，主要段落的起始句，都用了相似句或相似句群。(6)类比。《读书莫放“拦路虎”》中，把读书遇到的障碍比作“拦路虎”。这写法很管用，比如爸爸无所不知，类比成百度；妈妈凶，类比成老虎、火山；同学跑得快，类比成刘翔、火箭。(7)曲折感。《半截蜡烛》《彭德怀和他的大黑骡子》，一波三折，抓故事的曲折点，重要的篇构技巧。(8)借物写人。《宋庆龄故居的樟树》，初看，写树；细看，写人。写人，可以用故事来写，也可以用“物”来写，新颖、新鲜。(9)侧面描写。《黄河的主人》，写艄公的话很少，细一琢磨，都在写艄公。(10)点面结合。《大江保卫战》，第二节写“面”，第三节写“点”。点面结合，分化出“点+面”“面+点+面”“点+面+点”“点+面+点+面”等多种。呼应如《推敲》，倒叙如《钱学森》，明线暗线如《记金华的双龙洞》……

“指向写作”的阅读课，听起来作文味浓了点。然而这有什么不可以呢？阅读课，上得有点作文的味道；作文课，上得有点阅读的味道。不管姓“读”或姓“写”，有一点不变，它们都姓“语”。

（《我的语文观》福建教育出版社，2017 年第 1 版）

经典重读

戴建业

一

《经典重读》是一篇编辑给我的命题作文。由于工作的关系自己天天在做“经典重读”的差事，原以为写这样的文章对我是轻车熟路，所以满口承应了下来，没想到操笔为文时才发现事情并非想象的那样简单。首先，“经典重读”是个很大的题目，远不是编辑规定的字数所能谈清楚的；其次，在这个年头还有谁愿意去“重读经典”？前者涉及写这篇文章的难度，作这种“大题小作”的文章往往吃力不讨好；后者事关写这篇文章的意义，在进入“读图时代”的今天谁还去翻阅发黄的“经典”，谁还去听“重读经典”的唠叨？

西方有位人文学者半是调侃半是无奈地说：“所谓经典，就是人人重视而又人人不读的名著。”据说英国有24%的年轻人不知道莎士比亚是谁，中国学者还没有闲心做这种调查，我国年轻人中不知道屈原、杜甫为何方神圣的大概也不在少数。前不久我们给古代文学“推免生”面试时，发现中文系基地班这些自称喜欢古典文学的尖子生，竟然除上课的教材外，基本上没有原原本本地通读过一本古典文学名著！有的学完了明清小说甚至没有读过《红楼梦》！中文系的大学生尚且如此，非中文专业的大学生和一般的社会青年对古典名著的态度就更可想而知了。多数人将“古典”或“经典”与黄袍马褂之类的衣物和孔乙己之类的人物联系在一起，将它(他)们一并视为“落后”或“迂腐”的象征。

其实，不能用“进化”的价值尺度来衡量“古典”或“经典”。“古典”和“经典”的内涵与外延完全重叠，在英语中“古典”和“经典”是同一个词——classic，它的原意是指古希腊和古罗马的文学名著，后来泛指古代经过历史检验和时间淘汰的不朽杰作，当代无所谓“古典”或“经典”。“经典”的写作时代虽远离我们，但它们在艺术上并不“落后”于我们。就时代而言，“一代有一代之文学”，汉赋、唐诗、宋词、元曲，还有六朝的骈文和明清的小说，它们都成了今天不可企及的艺术典范；就作家而言，我们今天有哪个诗人能与屈原、陶渊明、李白、杜甫比肩？就作品而言，今天谁能写出《离骚》这样宏伟悲壮的诗篇？谁能写出《红楼梦》这样百科全书式的小说？我曾在《澄明之境·后记》中说：从经典作品中“不仅能见出我们民族文学艺术的承传，而且还可看到我们民族审美趣味的新变；它们不仅创造了永恒的艺术典范，而且表现了某一历史时期精神生活的主流，更体现了我们民族对生命体验的深度”。经典代表了民族乃至人类在精神和艺术上所达到的高度，它们不会像流行时装和应景小曲那样随着时间的流逝而过时，它们的精神价值和艺术价值超越了时代也超越了民族。

大家都明白如果天天吃“麦当劳”之类的快餐食品，我们的身体很快就将变得虚胖，肌肤就可能逐渐变得松弛；同样假如只是享受流行音乐和网络小说之类的文化快餐，我们的心灵就将变得贫乏，精神就将变得荒芜，趣味就将变得低俗。只有登上泰山极顶，才能见到日出的壮丽景象；只有攀登过民族乃至人类精神高峰的人，才可能具有开阔的眼界和博大的胸怀。

二

阅读经典不能抱着过分实用的功利态度。中小学的应试教育使在校学生无法从容地品味经典，他们匆忙地记下老师或教辅上关于古典名篇一、二、三个特点，以便考试时给出“准确”答案来考取状元。报载美国中学生书包中装的是世界文学或学术名著，我国中学生书包里装的都是教材参考资料和各类试题集，前年我看到这一则消息时心情沉重而又悲凉。随着研究生的大量扩招，随着本科生找工作越来越困难，大学教育也在向应试化的方向发展。中文系的学生只满足于阅读教材、作品选集和死背教师讲稿，既没有时间也没有兴趣通读整本经典文学名著，因为他们更关心的是写在纸上的考试成绩而不是藏在内心的文学修养。

由于带着狭隘的功利态度读书，我们就只知道将书中的文字变成甲乙丙丁的知识，这样即使去读古典文学名著也读不出什么味道来，读经典名著成了名副其实的苦差事。完全不带功利目的读书对现代人来说是一种不切实际的奢侈，要是读经典名著一无“用处”，谁还有心去读经典呢？用庄子的话来说，读经典名著的“用处”是“无用之用”。只要我们不像古人那样老想着“书中自有黄金屋，书中自有颜如玉”，也不像今人那样总希望“书中自有好单位，书中自有高工资”，经典名著就会给我们带来无穷的乐趣，我们就可能把书中的文字化为滋润心田的清泉。陶渊明说他“好读书，不求甚解，每有会意，便欣然忘食”，读书读到会意时“欣然忘食”，说明书对他已经不是死的知识而是自己的精神食粮。陆游老来还记得自己小时读书的快乐：“白发无情侵老境，青灯有味似儿时。”陶渊明的读书方法要在今天恐怕考不取大学和研究生，而今天考取了大学和研究生的青年，有几个体验过读书读到“欣然忘食”的境界？已经毕业的硕士和博士又有几人曾有“青灯有味似儿时”的回忆？

阅读文学经典不可能有立竿见影的效果，不可能马上给你带来考试高分，也不可能马上让你的工资连跳几级，但它可能使你的目光更为深远，使你的感情日益丰富，使你的举止更加高雅，使你的谈吐更为脱俗，当然也会使你笔下的语言更为优美，这就是俗话所说的“腹有诗书气自华”——只要你不在文学经典中寻求世俗的“好处”或“用处”，文学经典就会让你终身受用无穷。

三

我们之所以强调“经典”必须“重读”，这是由文学经典和我们读者自身两方面的特性决定的。

从文学经典这方面说，它深广的意蕴和精微的艺术绝非浏览一两次就能领悟，这是一座永远也不可能穷尽的艺术宝藏，我们勘采的次数越多就探得越深；从我们读者自身来说，每个时代的读者都有不同的审美趣味和价值取向，每个读者随着生活阅历的丰富和经历的变化，随着眼界的扩展和修养的提高，在阅读文学经典时会有不同的关注点和兴奋点，因此，不仅不同时代的读者会在经典中有不同的情感体验，就是同一个读者在不同的阶段也会对同一经典有不同的审美感受。

宋黄庭坚在《书陶渊明诗后寄王吉老》一文中谈自己读陶渊明诗歌的体会时说：“血气方刚时读此诗如嚼枯木，及绵历世事，每观此诗如渴饮水，如欲寐得啜茗，如饥啖汤饼。”初读经典名著也许一无所得，换一种环境或换一种心境重读经典，我们可能如入金山满载而归，掩卷之后仍然口角生香回味无穷。那些一次性的文化快餐不值得我们浪费时间“重读”，恰如一次性的餐巾纸不必再洗后重用一样，而那些文学经典则须反复细嚼慢咽才能体会出其中滋味。培根将书分为三类：“书有可浅尝者，有可吞食者，少数则须咀嚼消化”，而这些须“咀嚼消化”的“少数”书就是经典。

英国人常说“一千个读者有一千个哈姆雷特”，这是因为我们在书中所“发现”的意义和阅读后留下的“印象”，是经典“视界”与读者“视界”相互融合的结果。即使面对同一个作者和同一部经典，不同的读者会有不同的期待视野，而不同的期待视野在阅读时就必然生成不同的“意义”，留下不同的“印象”。阅读一部相同的经典，浅者则见其浅，深者则得其深，鲁迅先生曾说不同的读者读《红楼梦》会读出大相径庭的结果来：“经学家看见《易》，道学家看见淫，才子看见缠绵，革命家看见排满，流言家看见宫闱秘事……”

这就向经典读者提出一个重要问题：要想在经典中见其大得其深，我们就得将自己提升到一个更高的精神存在,同时也还得提高自己的文学修养。阅读经典就是与我们伟大的先知进行情感交流,假如我们自己鄙俗猥琐,我们哪有与这些先知对话的资格?浅薄之徒和庸俗之辈不会去阅读更不会去重读经典,经典对他们永远是一种冰冷和异己的存在,只有那些既品行高尚又修养很深的读者,伟大的先知才会与他倾心交谈,经典才可能向他敞开心扉,他才会在经典中找到温暖和安慰,才会在经典中感受到审美的快乐并提升写作的技巧。

另外,不管阅读哪种体裁的文学经典,我们一定要对这种体裁的特点有基本的了解。不抽烟的人觉得什么烟都是一个味,不饮茶的人觉得什么茶都是苦的,对文学体裁完全外行的人当然也品不出经典的味道。同时,我们也应反复大量阅读文学经典,读得越多,读得越细,我们对文学艺术的审美就越敏感,越细腻。刘勰在《文心雕龙》中早就说过:“操千曲而后晓声,观千剑而后识器,故圆照之象,务先博观。”长期饮茶就会成为品茶的行家,坚持不懈地阅读经典和写作实践,我们也一定会成为优秀作家或著名学者。

(《你听懂了没有》上海文艺出版社,2019 年第 1 版)

人的阅读与精神成长

张文质

一、文学就是自由

阅读一定是人的成长的最为重要的推动力,文化传承与发展几乎可以看作是人的天命所在。说起来,我最为喜爱的一句话是:“文学是进入一种更广大的生活的护照,即进入自由地带的护照,尤其是在一个阅读的价值和内向的价值都受到严重挑战的时代。文学就是自由。”

这是美国作家、思想家苏珊·桑塔格所言,值得为这句话致敬十次。

博览群书的人总是令人敬佩的,尤其是他还能把阅读化作深刻的体验与生命的智慧传递给别人。在我记忆力衰弱之后,我仍然能看透或者更为看重这些。安坐在家中读书、漫想、随便写写,实际上属于我的光亮也更多了些,可脑袋里冒出来的却是现在我似乎没办法和人交流了,我读过、我想过、我忘记了。

一部作品读者广泛,超出想象,最重要的是它的共情力,反过来也可以说,真正在艺术上有创新力的作品,往往就难以有这样的机会。

“去想无关紧要的事,去想想风吧。”杜鲁门·卡波特这句话很有味道吧?他说的并不是什么具体的事,而是由所谓的文学方式构成的味道。

每每我都会想到要用我的笔写出温暖的故事,如果写不成故事,就写一些片段或者一两个句子也行,这不是雄心,而是一种心软的自我安慰。慢慢地打量世界,发现需要以敌对的心境去怨恨的心情已经不多了,人是颇为可怜的,不时会陷于各自的处境之中,而你只得把这一切看成是自己的命运。

二、读与写的二元精神支撑

我是一个只能写一些短句子、小片段的人,如同一个只能盖些小房子的建筑师,然而我一直做这样的事:把日常化作微薄的诗意。有时我也想,其实并没有人干预你做什么，这再好不过了。

之前，我大概以为我要做的是挖一个一般人看不见的洞穴，大多数人是毫无兴趣的，于是我便有了属于我的小风景，一些句子，一两个段落。人的微声低于窗外的风吟。

什么样的书能启发我最多呢？还是那些片段的、糅合了具体生活，没来由的感悟，以及那些尖锐如警句的，更犹如一种不正经的日记、札记、随笔。

我发现自己唯有读小说与传记时是最为愉快的，各种故事本身就蕴含了命运的脉络，无论阅读谁的命运 都可以反转到自己身上，这不仅是一种同理心在起作用，而是命运确实最令人畏惧，所有的知识无非就是关于它的解读。然而人又是各不相同的，这就是故事能保持永恒吸引力的法宝。

有时我也会时不时回到各种相遇之中，作为一个事后者去咀嚼一番，总会发现有很多线索一直在带着你前行，有时有些线索也许早早断掉了，最后就连所获得的体验也慢慢地变得含混。若不是用笔记住一些，大概总会有一天人又复归于婴儿，没有什么能留下来。

人文滋养最要紧的总是从语言中而来，这又是我迷信不醒的寄托所在。先哲云，文明最终是在纸上，在各种记载与艺术中赢得荣光的，会以弱者之势而胜出。

三、最可贵的自由阅读

有些作家被广为阅读，我只明白成为网红似的写作者定然不属于我期望的范围，大概我看一眼也就够了，只能说自己趣味就是如此。

一个年代思想是如此稀少，有时那些以残忍之笔写下的同情文字，其实也加入了庸常的生活，成为软绵绵的喂养，为什么会有如此之多的人在等待着这些呢？想想也不奇怪，他们的思考大体到了善良易于辨别的大门口，却徘徊不前，再无那股同样也让自己受到责问的思考力，更别说一种苛刻的勇气。只有指向自己所有的讨论，每个人才多少有些价值。

我常坐在自己家院子的芒果树和龙眼树间读纳博科夫《斩首之邀》。院子里有无数的鸟，歌声婉转如梦，你若置身其间，就会知道我所说的并非虚言。每次坐在院子间，我总要为乡村的命运担心。我总是想这是行将消失的“最后的村庄”。

这是不须急着往前赶的阅读。纳博科夫的所有文字都有一种从容的幻想性，你应该尽量享受这样智性的、离奇的、带着病态好奇心探究人的命运的游戏。

他不给你翻出底牌，他的乐趣只在于不断地接续自己的牌局。他常常会让人怀疑其本人也“入戏太深”。我说的是，作者同样在享受着自己所制造的迷幻。

世界上最为残酷的罪恶之一，是限制人的自由阅读。同时，我们始终要警惕的正是那些陈辞滥调与钦定的文本，以及更不可不假思索地照单全收。一个研究者若无勇气指出其中的欺骗与野蛮，他同样也就有欺世盗名之嫌，他很可能就是一个钦定的领读者，胸前挂满了看起来比实际重量又增加了无数的分量的破铜烂铁。

现在想想，在正月明媚的春光中，我的心情却也是平静的。

我的阅读是自由的。

阅读史就是我的生命成长史

郝晓东

朱永新老师说:“一个人的精神发育史就是他的阅读史。”回顾自己的学习、工作经历,正是这句话的真实写照。大学时读中文系,毕业后做中学语文教师,之后从中学进入大学任教,现在又从大学教师成为学生。成长的轨迹看似偶然,但每一步都潜藏着阅读的作用,可以说,一个人的精神发育史也是他的生命成长史。

丰富与枯涩,对比鲜明的童年和少年

我从小就喜欢读书,这与我生长在一个教师家庭有关。童年时,当小伙伴们滚铁环、用弹弓打麻雀时,我就开始痴迷于“小人书”(连环画)。

父亲是乡村小学校长,唯一的方便就是可以让我从学校图书室借阅书籍。小时候只要到县城,我便要去书店买连环画。而今回头来看,连环画、绘本是童年最好的精神养料。在那个物质和精神都还贫瘠的时代,正是这一本本“小人书”吸引着幼稚的童心。那种满足感、新鲜感,今天想来依然很真切、很激动。

从小学到大学,我从未为语文、历史等文科课程发愁过,后来读中文系,做语文教师,其实都与童年埋藏下的“阅读种子”有关。童年的阅读不仅影响了兴趣和职业,也刻写下精神基因——理想主义情怀、英雄主义情结……

丰富、浪漫的童年后是枯涩的少年期。

初中开始住校,老师严禁读课外书,那时除了武侠小说,也没有多少书可读。少年时期的阅读完全是自发的,没有方向,没有规划,也没有人告诉你哪本书有价值。

新教育实验把那些在童年至青年期出现过、深刻影响人的生命以及精神气质的书籍称为“根本书籍”。少年时期是塑造人的世界观、人生观和价值观的关键时期,但读书量少且缺乏“根本书籍”是我的一大遗憾。

大学读中文系,读书量虽然增加,但大多是消遣性阅读,缺乏深刻影响自己的“根本书籍”。

觉醒与精进，专业发展的取经之旅

1999 年，刚参加工作的我到一所民办高中教语文。本来职业与读书密切相关，而且还兼任校报主编，但除了读一些语文教学杂志，几乎没有读过其他书。

究其原因，一是工作繁忙，二是缺乏高质量的书籍，三是周围主要是退休教师和刚入职的年轻人。所以，在阅读上既没人指导，也没有学习的榜样。几年后，专业阅读匮乏的弊端逐渐显现：教育教学遭遇“天花板”，既不知道如何做，也不知道学什么。久而久之，职业倦怠潜滋暗长。

还好，在生命还有可塑性的而立之年，偶然加入了一个专业学习共同体——新教育实验网络师范学院（简称“新网师”），幸运地开启了专业学习。新教育实验提出教师专业发展的“三专理论”：专业阅读、专业写作和专业交往。

开启专业交往，在学术大咖的指导下自觉地进行专业阅读、专业写作。当时并未意识到，这个选择不仅促进了专业发展，而且影响了我之后的职业道路，乃至改变了人生轨迹：从中学教师转变为大学教师，如今又脱产攻读博士。

新教育实验认为，教师应该具备一个合理的专业知识结构。不同学科与不同发展阶段的教师，需要阅读不同的专业书籍，要采用知性阅读的方法啃读“根本书籍”。知性阅读相对感性阅读，强调对书籍的聆听、梳理、批判、选择；“根本书籍”是指奠定教师精神及学术根基，影响和形成其专业思维方式的经典书籍。

我啃读的第一本“根本书籍”是《人间词话》，旨在提升诗歌解读能力。我逐条逐句逐字批注，不仅批注王国维的原句，还批注后人对原句的注解。王国维对诗词的评价一针见血、言简意赅，我把涉及的诗词全部找出并独立翻译，细细品味。坚持每天批注啃读，两周一次听讲师授课，用半年的时间啃读完这本书。

经过这样“敲骨吸髓式”的阅读，我对这本书基本了然于胸。后来，围绕这本书又读了相关书籍——叶嘉莹的《唐宋词十七讲》、王富仁的《古老的回声》、葛兆光的《汉字的魔方》等。这就是研究性阅读和主题性阅读，这种阅读方法让我受益匪浅。后来，凡是要研究一个新的领域，我都是先购买十几本相关书籍，集中研读，基本就能把握其要旨了。

2010 年至 2012 年，我开始在新网师讲授语文研课课程，对我影响较大的另一本“根本书籍”是王荣生的《语文科课程论基础》，我认为这是研究语文教学绕不开的一本书。在这本书面世之前，语文公开课和日常教研主要聚焦于教学方法，即“怎么教”，至于“教什么”，大多默认照搬教学参考书。即使有一些名师对文本分析进行了突破，但很少上升到学理的程度将问题讲透彻。这本书从现代课程论的视角，审视了近百年来语文教育研究的历史和现状、经验和教训，将文本分为“定篇”“例文”“样本”“用件”四种类型，打破了长期以来以文体划分类型的习惯思维，为语文教育研究提供了新的方法、框架，为语文教育研究者打开了一个全新的视野。研读这本书后有一个感慨：读书要读一流书，不要读二流书；要知晓本专业顶尖专家是谁，精读其代表作。

书籍会指导你的下一步阅读，溯源而上，顺藤摸瓜，一路就读到哲学上了。《苏菲的世界》是非常好的哲学启蒙书，这本书对我的价值主要是粗线条地了解西方哲学史，为理解其他书提供了一个背景和框架。

围绕这本书，我又阅读了一系列哲学书籍，如《中国哲学简史》《哲学的邀请》《西方哲学史》《哲学导论》《大问题》等。带领大学生在农村实习支教时，我组织团队教师共读了《苏菲的世界》。2017 年暑期，我带 20 多名中小学生共读这本书，每天 6 小时，连续读了 20 天，孩子们读得兴致盎然，颠覆了我对中小学生阅读潜力的理解。

实践与运用，黎村苗寨中的精神翩舞

2010 年，我带领大学生深入海南省五指山市实习支教。大学生初出茅庐，有热情但无经验，有专业知识但缺乏教育方法，于是，我们选择了苏霍姆林斯基的《给教师的建议》作为共读书籍。

苏霍姆林斯基既拥有深厚的教育学、心理学素养，又有长达 30 年漫长而扎实的实践。他用饱含激情又富有诗意的语言和生动活泼的案例把育人观、知识观、课程观、教学观一一描述出来。

《给教师的建议》一书发挥了独特作用：既是启发、鼓舞我的“启明星”和“加油站”，又是我指导大学生实习支教的“百宝箱”和“教科书”。如果不是因为学习苏霍姆林斯基，我可能只是像对待常规工作一样停留于把工作做了、不出安全事故的层面，但那时我以苏霍姆林斯基为榜样，一边指导大学生开展教育教学，一边随时将所闻所见、所思所感记录下来，这些文字后来成了我出版的第一本书——《给青年教师的四十封信》。

支教过程中，我发现许多大学生自我管理能力薄弱，于是又选择了《高效能人士的七个习惯》来共读。这本书提供的不是零碎的技巧，而是终身受用的原则：积极主动、以终为始、要事第一、双赢思维、知彼解己、统合综效、不断更新。原则后面又包含着一套深刻的价值观。比如，要事第一就是要首先完成“重要而不紧急”的事，而不是忙碌于“紧急而不重要”的事中。所以，它不单是改变行动，而是塑造新的观念。其实，观念的革新才是行为持续改变的条件。

讲授与求知,教别人是最好的学习方式

对于任何一个具体的专业领域而言,存在着一个最合理的知识结构。教育作为专业领域,也拥有最合理的知识结构,可以大致分为:学科知识占 50%,专业知识(主要指教育学和心理学知识)占 30%,人类基本知识(历史、地理、管理、经济等)占 20%。这种知识结构,潜在地作用于日常的教育教学中。

我在研读了不少学科书籍后,要想再提升教育教学能力,就要读教育学和心理学书籍。于是,我用一种独特的方法开始阅读,即费曼学习法——用自己的语言来记录或讲述你要学习的概念。用朋友的话来说,就是“输出倒逼输入”。

2013 年至 2017 年,我在新网师讲授教育学和心理学课程,讲授的书籍是《儿童的人格教育》《教育的目的》《教育人类学》。

《儿童的人格教育》是一本心理学经典著作。作者阿德勒是奥地利心理学家,曾经与弗洛伊德一起学习、工作。这本书主要围绕“自卑与超越”这一主题,分析了自卑产生的原因,消极因素和积极作用,对教育提出了许多洞见,对于理解自我、理解儿童有极高的价值。

一开始讲解这本书,我基本是复述原来讲师的讲稿。讲完一次,觉得不通透,继续讲。前后讲了 4 年,直到第四次讲授时,才犹如“桶底子脱落”,哗啦一下贯通。自此以后,“自卑与超越”“影响儿童成长的不是环境,而是儿童对环境的个体性理解”“人格的统一性”等概念、命题化为潜意识,成为我分析教育教学问题的自动化工具。

《教育的目的》是英国教育家怀特海关于教育的经典著述,全书每个篇章都是精品,可谓字字珠玑,博大精深。其中蕴含的深刻教育思想,至今仍闪耀着不朽的智慧光芒。

通过学习这本书,我最大的收获有 4 点:一是教育目的观,“学生是有血有肉的人,教育的目的是为了激发和引导他们的自我发展之路”“教育只有一个主题——那就是多姿多彩的生活”。二是课程观,“不要同时教授太多科目,如果要教就一定要教得透彻”“学校课程应该是一个统一于生活的整体,学科之间应该相互包容或融合,反对科目之间相互对立”。三是知识观,“不能加以利用的知识是相对有害的”。四是认知节奏论,智力发展是一个“浪漫—精确—综合”循环上升的周期性过程。只有适应儿童智力发展的规律,才可能“在学生的心灵纺织出一幅和谐的图案”。

《教育人类学》是一本弥漫存在哲学的教育经典书。作者博尔诺夫是德国著名教育哲学家,他长期跟着大哲学家海德格尔听课学习。博尔诺夫特别重视人的存在问题、人的生命问题,他把存在主义、现象学等哲学思想与教育学思想交织在一起,熔铸

出自己的教育主张,这是其教育思想的最大闪光点。

博尔诺夫认为生命发展的连续性是偶然的,非连续性才是生命的本质,进而他敏锐地认识到普遍流行的“教育是一种连续性的活动”的观点是不完善的,教育的过程应该是连续性和非连续性的统一,为此他用“危机”“遭遇”“唤醒”“告诫”等一系列鲜活的概念,形成了自己的独特见解。博尔诺夫认为,人与其他动物相比,生来就是有缺陷的,但人通过接受教育成了虽不完美但因此而不断使自己完美起来的生物……

借助哲人的智慧,我们方能拨开词语、概念、假象、谎言、纷争交织而成的层层迷雾,从一个更高、更远的距离来凝神领悟教育的真谛与生命的本质。在新网师一直讲了三四年,终于通透。3 个课程的讲义结集出版为我的第二本书——《改变教育的十二个关键词》。

寻找与回归,以教育为此生之使命

教师的职业认同与专业发展是教师成长的两翼,专业发展是职业认同的基础,没有好的专业发展,要真正实现职业认同是很困难的;同时,职业认同是专业发展的动力,没有好的职业认同,没有理想,没有激情,很难达到专业发展,二者互为前提。

在新教育实验浸润 10 年,受朱永新、李镇西等名师的指引和感召,越来越痴迷于阅读,其中影响我最深的是《新教育年度主报告》。这本书是朱永新 2003 年至 2013 年历届新教育年度研讨会上所作主题报告的结集出版,是新教育共同体十余年来丰富经验的集中呈现。

从 2009 年加入新网师以来,我就特别关注收藏每年的年度报告,至今仍然记得初读时的眼前一亮、怦然心动,犹如在重重迷雾中突然投射的一束光,照亮前行之路。学习这本书,我的收获主要有 5 点:一是进行了共读共写共同生活构筑共同体的实践和探索,二是掌握了六个维度和三重境界的新教育理想课堂,三是明晰了教师成长的方法和策略,四是明白了学校文化的使命和意义,五是领会了缔造完美教室的意义和构建。

我把年度主报告中的理论运用到指导大学生实习支教中,深刻体会到了理论的价值和巨大的力量。只要掌握了理论的精髓,在任何条件下都能因地制宜创造性地开展工作,如果不掌握理论,机械模仿,往往会沦为邯郸学步、东施效颦。

在不断阅读中,理解教育,也在理解自己。只有真正理解自己,才能真切理解他人、理解世界。还有一本对我影响很深的书是《批判性思维工具》,它是我所见到的批判性思维类书籍中最好的一本。

应试教育容易导致一些非理性的潜意识,如盲从权威、懒于思考、缺乏理性、等待标准答案等。荣格说:“除非你把潜意识意识化,否则它一直会影响着你的生活,然后你说那是命运。”通过学习批判性思维,理解自己的潜意识,有助于增强理性认识,有助于理解自己、发现自己、成为自己。学习这本书对我有两大影响:一是增强了元认知能力,开始警惕自我中心和社会中心思维,避免非理性思维;二是增强了逻辑分析能力,有助于分辨日常思维中的逻辑漏洞。

如今,继续在苏州大学求知学习,教师教育成为我博士攻读的领域。我的书桌上放着《教育管理学》《教育心理学》《教育社会学》《教育经济学》等书籍。我又站在一个新的起点,也需要从更广阔的视域来理解教育,理解教师成长。

若干年后,又会有哪些书成为我生命中的10本“根本书籍”呢?

分析方法的可操作性

孙绍振

自从《名作细读》中的文章在《语文学习》《名作欣赏》等刊物上陆续发表以来，我不断地受到读者的鼓励，其中，不但有中学教师、小学教师，而且有大学教师、研究生和编辑。赞赏当然使我心旷神怡，但是，难题也来了，他们提出，系统地总结一下把文章写得这样不同流俗的独得之秘。这颇有点使我为难。我为文没有什么秘密，我用的方法也许称不上什么独特。我的方法，具体说来，好像挺不少，例如“还原”的方法，“比较”的方法。在“还原”方法中，又分为“艺术感觉的还原”“情感逻辑的还原”和“审美价值的还原”等等。而在“比较”的方法中，又有“同类比较”和“异类比较”“横向比较”“艺术形式比较”“历史比较”“流派比较”“风格比较”等等。但是，所有这些方法，都是低层次的操作性方法。其最高层次，从哲学上说，就是分析的方法，尤其是具体问题具体分析的方法，而这一切，恰恰是许多学者、大师通常使用的方法，我不过是师承运用而已。如果我有什么值得称道的话，那也不过是，我把这种方法用得很彻底，用得很坚决，将之转化为操作性方法，并使之系统化。具体分析，瓦解普遍性的宏大概念带来的形而上学遮蔽，作为一种哲学方法，是得到广泛认同的，从黑格尔的辩证法，到当代解构主义都反对形而上学。事物、观念和形象的内涵是丰富的、充满矛盾的，用马克思的话来说，就是多种规定性的统一，是不断转化的，而不是单一的、贫乏的、静止的、僵化的、不能转化的。但是，事物、观念和形象，在表面上又是有机统一的，也就是没有矛盾的。要进行具体分析，如果没有一定的方法论的自觉，则无从下手。在面对文学经典之时，这种困难就更为突出。因为文学形象，天衣无缝、水乳交融，一些在方法论上不坚定的老师，在无从下手之时，就妥协了，就不是进行分析，而是沉溺于赞叹了。我这里所说的，并不限于中学，更多的是大学的。为了说明这一点，我不得不举一些颇有代表性的例子。

唐人贺知章的绝句《咏柳》从写出来到如今一千多年了，至今仍然家喻户晓，脍炙人口。原因何在？表面上看来是个小儿科的问题，但是，要真正把它讲清楚，不但对中学教师，而且对于大学权威教授，一点也不轻松。有一位权威教授写了一篇《〈咏柳〉赏析》，说，“碧玉妆成一树高”，是“总体的印象”，“万条垂下绿丝绦”这是“具体”写到柳丝了,而柳丝的“茂密”,最能表现“柳树的特征”,这就是他的第一个观点:这首诗的艺术感染力,来自表现对象的特征。用理论的语言来说,就是反映柳树的真实。这个论断,表面上看来,没有多大问题,但是实质上,是很离谱的。这是一首抒情诗,抒情诗以什么来动人呢?普通中学生都能不假思索地回答,以情动人。但,教授却说,以反映事物的特征动人。接下去,这位教授又说,这首诗的最后一句“二月春风似剪刀”,很好,好在哪里呢?好在比喻“十分巧妙”。这话当然没有错。但是,这并不需要你讲,读者凭直觉就感到这个比喻不同凡响。之所以要读你的文章,就是因为感觉到了,却说不清原由,想从教授的文章中获得答案。而你不以理性分析比喻巧妙的原因,只是用强调的语气宣称感受的结果。这不是有“忽悠”读者之嫌吗?教授说,这首诗,还有一个好处,那就是“二月春风似剪刀”,“歌颂了创造性劳动”。这就更不堪了。前面还只是重复了人家的已知,而这里却是在制造混乱。“创造性劳动”这种意识形态性很强的话语,显然具有20世纪红色革命文学的价值观,怎么可能出现在一千多年前的贵族诗人头脑中?

为什么成天喊着具体分析的教授,到了这里,被形而上学的教条所遮蔽呢?这是因为他无法从天衣无缝的形象中找到分析的切入点。他的思想方法不是分析内在的差异,而是转向了外部的统一。贺知章的柳树形象为什么生动呢?因为它反映了柳树的“特征”。客观的特征和形象是一致的,所以是动人的。从美学思想来说,这就是美就是真。美的价值就是对真的认识。从方法论上来说,就是寻求美与真的统一性。既然美是对真的认识,认识世界是为了改造世界,这就是教化。不是政治教化,就是道德教化。既然从《咏柳》无法找到政治教化,就肯定有道德教化作用。于是“创造性劳动”,就脱口而出了。这种贴标签的做法,可以说是对具体分析的践踏。其实,所谓分析就是要把原本统一的对象加以剖析,根本就不应该从统一性出发,而应该从差异性,或者矛盾性出发。艺术之所以成为艺术,就是因为它不是等同于生活,而是诗人的情感特征与对象的特征猝然遇合,这种遇合不是现实的,而是虚拟的、假定的、想象的。本初的感情只有通过假定的想象才能抒发。借助假定性,艺术才能创造。而要揭示艺术的感染力,分析的出发点就应该是它与柳树的矛盾性。矛盾首先就在于,形象不是客观的、真实的,而是主观的、假定的。应该从真与假的矛盾入手。例如,明明柳树不是玉的,偏偏要说柳丝是碧玉的,明明不是丝织品,偏偏要说是丝织的飘带。为什么要用贵重的玉和丝来假定呢?为了美化,诗化,表达诗人珍贵的感情,而不是为了反映柳树的特征。

但,这样的矛盾,并不是直接的呈现,恰恰相反,是隐性的。在诗中,真实与假定是水乳交融,以逼真的形态出现的。要进行分析,是共同的愿望,但,如果不把假定性揭示出来,分析就成了一句空话。分析之所以是分析,就是要把原本统一的成分,分化出不同的成分。不分化，分析就没有对象，只能沉迷于统一的表面。要把分析的愿望落到实处，就得有一种可操作的方法。我提出了“还原”的方法。面对形象，在想象中，把那未经作家情感同化，未经假定的原生的形态想象出来，这是凭着经验就能进行的。比如，柳树明明不是碧玉，却要把它说成是玉的，不是丝织品，却要说它是丝的。这个矛盾就显示出来了。这就是借助想象，让柳树的特征转化为情感的特征。情感的特征是什么呢？再用“还原”法。柳树很美。在大自然中，是春天来了，温度提高了，湿度提高了，柳树的遗传基因起作用了，才有柳树的美。在科学理性中，柳树的美，是大自然的现象，是自然而然的。但诗人的情感很激动，断言柳树的美，比之自然的美还要美，应该是有心设计的。所谓天工加上人美才能理由充分。这就是诗人的情感强化，这就是以情动人。

对“二月春风似剪刀”，不能大而化之地说“比喻十分巧妙”，而应该分析其中的矛盾。首先，这个比喻中最大的矛盾，就是春风和剪刀。本来，春风是柔和的，是婉柔的，怎么会像剪刀一样锋利？冬天的风才是尖利的。但是，我们可以替这位教授解释，因为这是“二月春风”，春寒料峭有刀锋一样的尖利。然而，我们还可以反问：为什么一定要是剪刀呢？刀锋多得很啊，例如菜刀、军刀。如果说“二月春风似菜刀”“二月春风似军刀”，就是笑话了。为什么呢？这是因为前面有一句话“不知细叶谁裁出”，里边有一个“裁”字，和后面的“剪”字，形成“剪裁”这个词组。这是汉语特有的结构，是固定的自动化的联想。如果是英语，就不能这样裁剪，就是一个字 cut，实在要强调裁，就得加上一个不相干的 design（cut out auordring to the design）。

当然，说到“还原”方法，作为哲学方法并不是我的发明，这在西方现象学中，早已有了。在现象学看来，一切经过陈述的现象都是主观的，是观念化、价值化了的，因而要进行自由的研究，就得把它“悬搁”起来，在想象中“去蔽”，把它的原生状态“还原”出来。当然，这种原生状态，是不是就那么客观、那么价值中立，也是很有疑问的。但是，多多少少可以摆脱流行和权威观念的先入为主。我的“还原”，在对原生状态的想象上，和现象学是一致的，但我的“还原”只是为了把原生状态和形象之间的差异揭示出来，从而构成矛盾，然后加以分析，并不是为了“去蔽”，而是为了打破形象天衣无缝的统一，进入形象深层的、内在的矛盾中。当然，这样“还原”的局限是偏重于形而下的操作，但是，很可能优点也是在这里。当我面对一切违背这种方法的时候，不管它有多么大的权威，我总是坚定地冲击，甚至毫不留情地颠覆。要理解艺术，不能被动地接受，“还原”了，有了矛盾，就可能进入分析，就主动了。朱自清在《荷塘月色》中创造了一种宁静、幽雅、孤寂的境界，但清华园一角并不完全是寂静的世界；相反，喧闹的声音也同样存在，不过是给朱先生排除了罢了。一般作家总是偷偷摸摸地、静悄悄地排除与他的感知、情感不相通的东西，并不作任何声明；他们总把自己创造的形象当作客观对象的翻版奉献给读者。但朱先生在《荷塘月色》中却不同，他很坦率地告诉读者："这时候最热闹的，要数树上的蝉声与水里的蛙声；但热闹是它们的，我什么也没有。"这里，透露了重要的艺术创造原则：作家对于自己感知取向以外的世界是断然排斥的。许多论者对此不甚明白，或不能自觉掌握，因而几乎没有一个分析《荷塘月色》的评论家充分估计到这句话的重要意义。忽略了这句话，也就失去了分析的切入口，也就看不出《荷塘月色》不过是朱先生在以心灵同化清华园一角的宁静景观的同时，又排除了其喧闹的氛围而已。忽略了这个矛盾，分析就无从进行，就不能不蜕化为印象式的赞叹。

再举一个例子，有一个研究古典文学的学者，分析《小石潭记》中，"潭中鱼可百许头，皆若空游无所依。日光下澈，影布石上，佁然不动；俶尔远逝，往来翕忽，似与游者相乐"，对它前面早说过的"心乐之"，和这里的"似与游者相乐"视而不见，却看出了"人不如鱼"的郁闷。这也是由于在方法上不讲究寻求差异，而是执着于统一性的结果。既然柳宗元被下放了，既然他政治上不得意，既然他很郁闷，那么他在一切时间、一切场合，都是毫无例外的郁闷。哪怕是特地寻找山水奇境，发现了精彩的景色，也不能有任何快乐，只能统一于郁闷。人的七情六欲，到了这种时候，就被抽象成郁闷的统一性，而不是诸多差异和矛盾的统一性。在分析《醉翁亭记》的时候，同样的偏执也屡见不鲜，明明文章反复强调的是山水之乐、四时之乐、游人之乐、太守之乐，醉翁之意不在酒而在乎山水之间。因为山水之间没有人世的等级，连太守也忘了官场的礼法。醉翁之意为什么要和"酒"联系在一起？因为酒有一种"醉"的功能，有这个"醉"，才能超越现实。"醉翁之意"在现实中是很难实现的，故范仲淹要后天下人之乐而乐，欧阳修只要进入超越现实的、想象的、理想的与民同乐的境界，又不是很难实现的，只要"得之心，寓之酒"，让自己有一点醉意就成了。这里的"醉"有两重意思：第一重，是醉醺醺，不计较现实与想象的区别；第二重，是陶醉，摆脱现实的政治压力，进入理想化的境界，享受精神的高度自由。可是拘执于欧阳修的现实政治遭遇与心情的统一性的学者还看不到这个虚拟的、理想的、欢乐的、艺术的境界，还是反复强调欧阳修的乐中有忧，硬是用现实境界来压抑艺术，形而上学地淹没了复杂的、多变的结构。

多种形式的比较

要寻求分析的切入口，有许多途径，"还原"并非唯一的法门。最方便的当然是作家创造过程中的修改稿。鲁迅曾经说："凡是已有定评的大作家，他的作品，全部就说明着'应该怎样写'。只是读者很不容易看出，也就不能领悟。因为在学习者，一方面，是必须知道了'不应该那么写'，这才会明白原来'应该这么写'的。这'不应该那么写’,如何知道呢?惠列赛耶夫的《果戈理研究》第六章里,答复了这个问题——‘应该这么写’,必须从大作家们的完成了的作品去领会。那么,不应该那么写这一面,恐怕最好是从那同一作品的未定稿本去学习了。在这里,简直好像艺术家在对我们用实物教授。恰如他指着每一行,直接对我们这样说——‘你看——哪,这是应该删去的。这要缩短,这要改作,因为不自然了。在这里,还得加些渲染,使形象更加显豁些。’”(《且介亭杂文二集·不应该那么写》)在我国古典诗话中,类似“春风又绿江南岸”这样经典性的例子不胜枚举。孟浩然《过故人庄》的最后一句是“还来就菊花”,杨慎阅读的本子,恰恰“就”字脱落了。他自己也是诗人,试补了“对菊花”“傍菊花”等等,就是不如“就菊花”。毛泽东的《采桑子·重阳》中最后一句,原来的手稿是“但看黄花不用伤”,后来定稿是“寥廓江天万里霜”。

值得一提的是,托尔斯泰对《复活》进行了多次修改。在写到聂赫留朵夫第一次到监狱中去探望沦为妓女的卡秋莎(玛丝洛娃),哭着恳求她宽恕,并且向她求婚时,在原来的稿子上,玛丝洛娃一下子认出他来,立刻非常粗暴地拒绝了他,说:“您滚出去!那时我恳求过您,而现在也求您……如今,我不配做您的,也不配做任何人的妻子。”后来在第五份手稿中,改成玛丝洛娃并没有一下子认出自己往日的情人,但是她仍然很高兴有人来看她,特别是衣着体面的人。在认出了他以后,对于他的求婚,她根本没有听到心里去,很轻率地回答道:“您说的全是蠢话……您找不到比我更好的女人吗?您最好别露出声色,给我一点钱。这儿既没有茶喝,也没有香烟,而我是不能没有烟吸的……这儿的看守长是个骗子,别白花钱。”说完她哈哈大笑。相比之下,原来的手稿显然很粗糙。卡秋莎原本是纯情少女,由于受了聂赫留朵夫的诱惑而被主人驱逐,到城市后,沦落为妓女玛丝洛娃。在原来的手稿中,写她一下子认出了往日的情人,往日的记忆全部唤醒了,并且把所有的痛苦和仇恨都发泄了出来(这正是我们许多缺乏才艺的作家天天做着的事情)。然而在后来的修改稿中,托尔斯泰把玛丝洛娃的感知、记忆、情感立体化了:首先,她没有一下子认出他来,说明分离日久,也说明往日的记忆深藏在情感深处,痛苦不在表层。其次,最活跃的情绪是眼下的职业习惯,见了陌生男人,只要是有钱的便高兴起来,连对求婚这样的大事都听不到心里去,这正说明心灵扭曲之深和妓女职业对表层心灵的毒化、麻木之深,即使往日的情人流着泪向她求婚,她也仍然把他当作一个顾客,最本能的反应是先利用他一下,弄点钱买烟抽。说到不要向看守长白花钱时,居然哈哈大笑起来,她为自己的聪明而得意非凡。这更显示了玛丝洛娃的表层心理结构完完全全地妓女化了,板结了,在这样重大的意外事件的冲击下,也依然密不透风,可见这些年来她心灵痛苦之深。定稿中的“哈哈大笑”,之所以比初稿中的严词斥责精彩,就是因为更加深刻地显示了她心理结构的表层感知、记忆、情感、行为、语言的化石化,在读者记忆中那个年轻美丽、天真纯情的心灵被埋葬得如此之深，其精神似乎完全死亡了。

一般读者光是读定稿中的文字，虽然凭着直觉也可以感受到托尔斯泰笔力的不凡，但是却很难说出深刻在何处。一旦和原稿加以对比，前者平面性的描述和后者立体性的刻画，其高下、其奥妙就一目了然了。

凭借文学大师的修改稿进入分析，自然是一条捷径，非常可惜的是这样的资料凤毛麟角。但是它们如此有引诱力，以至于人们很难完全放弃。于是许多经典评论家往往采取间接的办法，例如莱辛在他的名著《拉奥孔》中评希腊著名雕塑“拉奥孔”时，创造了一种办法，那就是从相同内容、不同形式的作品中寻求对比。拉奥孔父子被蛇缠死的故事，在维吉尔的史诗中被描写得很惨烈，他们发出了公牛一样的吼声，震响了天宇。可是在雕塑中，拉奥孔并没有张大嘴巴，声嘶力竭地吼叫，相反，只是如轻轻叹息一般，在自我抑制中挣扎。莱辛由此得出结论说，由于雕塑是诉之于直观的，如果嘴巴张得太大，远看起来必然像个黑洞，那是不美的，而用尽全部生命去吼叫，在史诗中却是很美的，因为诗是语言艺术，并不直接诉诸视觉，而是诉诸读者的想象和经验的回忆的，没有直观的生理刺激。莱辛给了后代评论家以深刻的启示：在雕塑中行不通的，在史诗中却非常成功。只有明白了雕塑中不应该做什么，才会真正懂得雕塑中应该做什么。用评论的术语说，就是只有把握了一种艺术形式的局限性，才能理解它的优越性。对比同题材而不同形式的艺术形象的差异，正是分析的线索。白居易的《长恨歌》和洪升的《长生殿》同样是取材于唐明皇和杨贵妃的故事，但是，在诗歌里，李杨的爱情是生死不渝的，而在戏剧里，两个人却发生了严峻的冲突。联系诸多类似的现象，不难看出，在诗歌中，相爱的人，往往是心心相印的，而在戏剧里，相爱的人，则是心心相错的。在戏剧里，没有情感的错位，就没有戏剧性，没有戏可演。同样是在七月七日长生殿，李隆基与杨玉环盟誓：生生死死，永为夫妻。在诗人白居易看来这是非常浪漫的真情，而在小说家鲁迅看来，在这种对话的表层语义下，恰恰掩盖着相反的东西。郁达夫在《奇零集》中回忆鲁迅的话：“他的意思是：以玄宗之明，哪里看不破安禄山和她的关系？所以七月七日长生殿上，玄宗只以来生为约，实在心里有点厌了。……到了马嵬坡下，军士们虽说要杀她，玄宗若对她还有爱情，哪里不能保全她的生命呢？所以这时候，也许是玄宗授意军士们的。”

联系到柳宗元在《小石潭记》中，对于自然景观发出了那么真诚的赞赏，这里的美，是很“幽邃”的，远离尘世、超凡脱俗的，但是“寂寥无人，凄神寒骨，悄怆幽邃”，“其境过清”，欣赏则可，“不可久居”。柳宗元就坦然地离去了。柳宗元性格的一个侧面，比较执着于现实，这在散文中得到自如的表现，而在诗歌中，所表现出来的，则是另外一面，那里充满了不食人间烟火的气息。如《江雪》：“千山鸟飞绝，万径人踪灭。孤舟蓑笠翁，独钓寒江雪。”开头两句，强调的是生命的“绝”和“灭”，一个孤独的渔翁，在寒冷、冰封的江上,是“钓雪”,而不是钓鱼,不要说“其境过清”,就连寒冷的感觉都没有,孤独本身就是一种享受。这和散文中“其境过清,不可久居”的境界大不相同。把诗歌里的柳宗元和散文里的柳宗元的差异抓住,加以分析,比之一味只承认只有一个统一的柳宗元要深刻得多。散文中的柳宗元,还是不能忘情现实环境,居住条件,甚至是国计民生,乃至于政治;而诗歌则可以尽情发挥超现实的形而上的空寂的理想,以无目的境界为最高的境界。如他的《渔翁》一诗,可谓达到物我两忘的境界:“渔翁夜傍西岩宿,晓汲清湘燃楚竹。烟销日出不见人,欸乃一声山水绿。回看天际下中流,岩上无心云相逐。”这种诗的境界中,无心的云就是无心的人,超越一切功利,大自然和人达到高度的和谐和统一。这是诗的意境,而这在散文中,作者是可以欣赏,而不想接受的。

在我们文坛上,有许多关于诗歌与散文纷纭的理论,似乎都不得要领,原因大抵在于往往从形式上着眼,而忽略了深层的内涵。许多教师分析这类经典文本,之所以有捉襟见肘之感,就是因为孤立地就散文论散文,就诗歌论诗歌,也就难免从现象到现象的滑行了。

选择相同题材不同形式的作品加以比较,找出其间的差异,从而探求艺术的奥秘,这种方法适应性比较广泛,尤其是一些经典作品,不论是中国历史、传说,还是西方《圣经》、神话,都曾反复地被大师加工成不同的体裁。但是,这种适应性也是有限的,不仅对绝大多数现当代作品不适用,而且对许多古典作品也不适用,有时即使适用,也可能由于一时手头缺乏齐备的材料而无法进行分析。但是,这并不等于形象的内在矛盾不存在了。要揭示其内在奥秘,还有一种方法,不是凭借现成的资料,而是把艺术形象中的情感逻辑和现实的理性逻辑加以对比。

情感逻辑的“还原法”

艺术家在艺术形象中表现出来的感觉不同于科学家的感觉。科学家的感觉是冷静的、客观的,追求的是普遍的共同性,而排斥个人的情感;一旦有了个人的情感色彩,就不科学了、没有意义了。可是在艺术家,则恰恰相反,艺术感觉(或心理学的知觉)之所以艺术,就是因为它是经过个人主观情感或智性的“歪曲”。正是因为“歪曲”了,或者用我的术语来说,“变异”了,这种表面上看来比较表层的感觉才能成为深层情感乃至情结的可靠索引。有些作品,往往并不直接诉诸感觉,尤其是一些直接抒情的作品,光用感觉“还原”就不够了。例如“在天愿作比翼鸟,在地愿为连理枝,天长地久有时尽,此恨绵绵无绝期”,好在什么地方?它并没有明确的感知变异,它的变异在它的情感逻辑之中。

这时用感觉的还原就文不对题了,应该使用的是情感逻辑的还原。这里的诗句说的是爱情是绝对的,在任何空间、时间,在任何生存状态,都是不变的、永恒的。爱情甚至是超越主体的生死界限的。这是诗的浪漫,其逻辑的特点是绝对化。用逻辑还原的方法,明显不符合理性逻辑。理性逻辑是客观的、冷峻的,是排斥感情色彩的,对任何事物都采取分析的态度。按理性逻辑的高级形态,亦即辩证逻辑,任何事物都不可能是不变的。在辩证法看来,世界上没有永恒不变的东西,一切都随时间、地点、条件而变化。把恋爱者的情感看成超越时间、地点、条件是无理的,但是,这种不合理性之理,恰恰又是符合强烈情感的特点。清代诗话家吴乔把这叫作“无理而妙”。为什么妙?无理对于科学来说是糟糕的,是不妙的,但,因为情感的特点恰恰是绝对化,无理了才有情,不绝对化不过瘾,不妙。所以严羽才说“诗有别才,非关理也”。

自然,情感逻辑的特点不仅是绝对化,至少还有这么几点,它可以违反矛盾律、排中律、充足理由律。人真动了感情就常常不知是爱还是恨了,明明相爱的人偏偏叫冤家,明明爱得不要命,可见了面又像贾宝玉和林黛玉那样互相折磨。臧克家纪念鲁迅的诗说:“有的人活着,他已经死了;有的人死了,他还活着。”这按通常的逻辑来说是绝对不通的。可要避免这样的自相矛盾,就要把他省略了的成分补充出来:“有的人死了,因为他为人民的幸福而献身,因而他永远活在人民心中。”这很符合理性逻辑了,但却不是诗了。越是到现代派诗歌中,扭曲的程度越大,现代派诗人甚至喊出“扭曲逻辑的脖子”的口号。在小说中,情节是一种因果,一个情感原因导致层层放大的结果,按理性逻辑来说,理由必须充分,这叫充足理由律。可是在情感方面是充足了,在理性方面则不可能充足。说贾宝玉因为林黛玉反抗封建秩序,思想一致才爱她,理由这么清楚,却一点感情也没有了。在现代派小说中,恰恰有反逻辑因果的,如余华的《十八岁出门远行》,整个小说的情节的原因和结果都是颠倒的,似乎是无理的。情节的发展好像和逻辑因果开玩笑,反因果性非常明显。例如,主人公以敬烟对司机表现善意,司机接受了善意,却引出粗暴地拒绝搭车的结果;“我”对他凶狠呵斥,他却十分友好起来。半路上,车子发动不起来了,司机本来应该很焦虑的,但他却无所谓。车上的苹果让人家给抢了,本该引发愤怒和保卫的冲动,司机却无动于衷。“我”本能地去和抢夺者作搏斗,被打得头破血流,“鼻子软塌塌地挂在脸上”,本该是非常痛苦的,却一点痛苦的感觉也没有。一车苹果被抢光了,司机的表情却“越来越高兴”。抢劫又一次发生,“我”本能地奋不顾身地反抗抢劫,被打得“跌坐在地上,再也爬不起来”。司机不但不对“我”同情和加以慰问,相反却“站在远处朝我哈哈大笑”,这就够荒谬的了。可是作者显然觉得这样的荒诞,还不够过瘾,对荒诞性再度加码。抢劫者开来了拖拉机,把汽车上的零件什么的,能拆卸的都拿走了。司机怎么反应呢?他和那些抢劫的人们,一起跳到拖拉机上去,在车斗里坐下来,“朝我哈哈大笑”。仔细研读,你会发现，在表面上绝对无理的情节中，包含着一种深邃的道理，当然，可能阐释的空间是多元的。我的解读是这样的：

小说的荒谬感虽然是双重的，首先，被损害者对于强加于己的暴力侵犯，毫无受虐的感觉，相反却感到快乐；其次，被损害者对为之反抗抢劫付出代价的人，不但没有感恩，相反对之加以侵害，并为之感到快乐；再次，除了施虐和受虐，还有更多的荒谬，渗透在文本的众多细节之中。这篇小说，有时很写实，有时，又常常自由地、突然地滑向极端荒诞的感觉，鼻子软塌塌地，不是贴着而是挂在脸上了，这样的血腥，居然连一点疼痛的感觉都没有涉及。用传统现实主义的“细节的真实性”原则去追究，恐怕是要作出否定的判决的。然而文学欣赏不能用一个尺度，特别不能光从读者熟悉的尺度去评判作家的创造。余华之所以不写鼻子打歪了的痛苦，那是因为他要表现人生有一种特殊状态，是感觉不到痛苦的痛苦，在鸡毛蒜皮的小事上痛苦不已，呼天抢地，而在性命交关的大事上麻木不仁。这是人生的荒谬，但人们对之习以为常，不但没有痛感，相反乐在其中。

……这是现实的悲剧，然而在艺术上却是喜剧。喜剧的超现实的荒诞，是一种扭曲的逻辑。然而这样的歪曲逻辑，启发读者想起许多深刻的悖谬的现象，甚至可以说是哲学命题：为什么本来属于你自己的东西被抢了你却感觉不到痛苦？为什么自己的一大车子东西被抢了而无动于衷，却把别人的一个小背包抢走还沾沾自喜呢？缺乏自我保卫的自觉，未经启蒙的麻木、愚昧，从现实的功利来说，是悲剧，从艺术哲学的高度来看，则是喜剧。从这个意义上来说，在这最为荒谬的现象背后潜藏着深邃的睿智：没有痛苦的痛苦是最大的痛苦。

这样的哲学深邃性，就是无理中的有理，这样的无理，比之一般的道理要深邃得多。如果不把理性逻辑与情感逻辑分开，就无法进行深入的分析。这样的分析，很显然，已经进入了很深的层次，从严格意义上来说，已经不完全属于情感的范畴，而是属于情感和理性交融的范畴了，其实，已经进入价值的范畴了。

价值的“还原”

价值还原，是个理论问题，但得从具体的个案讲起。《儒林外史》中的“范进中举”，并不完全是吴敬梓的发明，而是他对原始真人真事改编的结果。清朝刘献廷《广阳杂记》卷四中有一段记载：

明末高邮有袁体庵者，神医也。有举子举于乡，喜极发狂，笑不止，求体庵诊之。惊曰：“疾不可为矣！不以旬数矣！子宜急归，迟恐不及也。若道过镇江，必更求何氏诊之。”遂以一书寄何。其人至镇江，而疾已愈。以书致何，何以书示其人。曰：“某公喜极而狂，喜则心窍开张而不可复合，非药石之所能治也。故动以危苦之心，惧之以死，令其忧愁抑郁，则心窍闭，至镇江当已愈矣。”其人见之，北面再拜而去。吁！亦神矣。

“吁！亦神矣。”用今天的话来说就是：“啊！医道真是神极了。”可以说这句话是这段小故事的主题：称赞袁医生医道高明。他没有用药物从生理的病态上治这个病人，而是从心理方面成功地治好了他。其全部价值在于科学的实用性，很严肃的。而在《儒林外史》中却变成胡屠户给范进的一记耳光，重点在于出胡屠户的洋相。范进的这个丈人本来极端藐视范进，可一旦范进中了举人，为了治病硬着头皮打了他一个耳光，却怕得神经反常，手关节不能自由活动，以为是天上文曲星在惩罚他，连忙讨了一张膏药贴上。这样一改，就把原来故事科学的、实用的理性价值转化为情感的非实用的审美价值了。这里不存在科学的真和艺术的美统一的问题，而是真和美的错位。如果硬要真和美完全统一，则最佳选择是把刘献廷的故事全抄进去，而那样一来，《范进中举》的喜剧美将荡然无存。把科学的实用价值搬到艺术形象中去，不是导致美的升华，而是相反，导致美的消失。

创作就是从科学的真的价值向艺术的美的价值转化。因为理性的科学价值在人类生活中占有优势，审美价值常常处于被压抑的地位。正因为这样，科学家可以在大学课堂中成批成批地培养，而艺术家却不能。只有那些少数情感审美价值异常强大，强大到很轻易超越科学的理性的、真的价值的人，才可能轻松地构成艺术形象。

要欣赏艺术，摆脱被动，就要善于从艺术的感觉、逻辑中还原出科学的理性，从二者的矛盾中，分析出情感的审美价值。为什么李白在白帝城向江陵进发时只感到“千里江陵一日还”的速度，而感觉不到三峡礁石的凶险呢？因为他归心似箭。为什么李白觉得并不一定很轻的船很轻呢？因为他流放夜郎，“中道遇赦”，用今天的话来说，就是解除政治压力后，他心里感到轻松，因而即使船再重，航程再险，他也感觉不到。这种感觉的变异和逻辑的变异成为诗人内心激情的一种索引，诗人用这种外在的、可感的、强烈的效果去推动读者想象诗人情感产生的原因。为什么阿Q在被押上刑场之时不大喊冤枉，反而为圆圈画得不圆而遗憾？按常理来还原，正是因为画了这个圆才完成判死刑的手续。通过这个还原，益发见得阿Q的麻木。阿Q越是麻木，在读者心目中越是能激发起焦虑和关注，这就是艺术感染力，这就是审美价值。如果阿Q突然叫起冤枉来，而不是叫喊“过了二十年又是一个(好汉)”，这就和常规的逻辑缩短了距离，喜剧效果就消失了。正因如此，逻辑的还原最后必须走向价值的还原，而从价值的还原中，就不难分析出真正的艺术奥秘了。

历史的“还原”和比较

艺术感知还原、逻辑还原和价值还原，都不过是分析艺术形式的静态的逻辑的方法，属于一种初级的入门的方法。入门以后对作品的内容还有一个历史的动态的分析，因而需要更高级的方法，这就是“历史还原”。

从理论上说，对一切对象的研究最起码的要求就是把它放到历史环境里去。不管什么样的作品，要做出深刻的分析，只是用今天的眼光去观察是不行的，必须放到产生这些作品的时代(历史)背景中去，还原到产生它的那种政治的、经济的、文化的、艺术的气候中去。但是，历史背景，也是分层次的。政治和经济状况的背景，毕竟是外部的，对于不同作家都是一样的。历史的还原，目的是抓住不同历史阶段中艺术倾向和追求的差异。关键是内在的艺术本身的景物、人物内心情感的进展，比如武松打虎，光从一般文学的价值准则来看，当然也可能分析出它对英雄的理解：从力量和勇气来说，武松是超人的；但是从心理上说，他又是平凡的，和一般小人物差不多。分析到这个层次，可以说已经相当有深度了。但是，如果把它放到中国古典小说对英雄人物的想象的过程中去，就可能发现，这对于早于《水浒》的《三国演义》是一个伟大的进步。在《三国演义》中，英雄人物是超人的，罕见平凡的一面。面临死亡和磨难是没有痛苦的，如关公刮骨疗毒，虽然医生的刀刮出声音来，但他仍然面不改色，没有武松那种活老虎打死了、死老虎却拖不动的局限，也没有类似下山以后，见了两只假老虎就惧怕的心理。

艺术和文学的历史是对人类内心探索的记录，一代又一代的艺术家虽然表面上各自独立，但是在表现人物内心的发现方面，却是前赴后继，有相当明显的继承性，只有把他们之间的历史的差异揪住不放，才能把那隐性的变幻揭示出来。

除了人物内心的历史深化过程以外，另一个重要方面，就要看文体的历史差异。艺术形式是不断重复的。艺术的发展，审美情感往往通过艺术形式的发展巩固下来。如余秋雨，虽然许多媒体起哄，攻了他好几年，但是并没有损害他的文学地位。因为余秋雨对中国当代散文的发展有历史性的贡献。他创造了一种文化散文的文体，把人文景观用之于自然景观的阐释，还把散文所少有的思想容量扩大了。散文的思想容量本来是比较有限的，大量的散文被称之为小品就是证明，而余秋雨却赋于散文以宏大的文化反思，像《一个王朝的背影》居然能通过承德避暑山庄，提取一个一把交椅的意象，说在这上面休息过一个疲惫的王朝，把清王朝统治阶级精神从强盛到衰败，汉族知识分子从抵抗到为之殉葬的漫长历史过程都浓缩在这把交椅的意象上，这种历史性的贡献，是任何喧嚣的媒体评论所不能扼杀的。

流派的“还原”和比较

还原到历史语境中去还只是一个比较笼统的说法，一切历史语境，对文学作品来说，都是历史的审美语境。一切审美语境都不但与形式（文类）而且与流派分不开。要真正理解经典文学作品的历史发展，必须分析不同流派的艺术差异。

如徐志摩的《再别康桥》和闻一多的《死水》，孤立地分析这两首诗是比较困难的。徐志摩的抒情是相当潇洒优雅的，以美化为目标，而闻一多却是以丑为美。这不仅是个性不同，而且是因为受了两个不同流派的诗歌的影响。徐志摩是受了欧洲浪漫主义诗潮的影响，这个诗潮的艺术主张，大致可以拿华兹华斯的《抒情歌谣集·序言》中的所强调的“一切的好诗都是强烈的感情的自然流泻”来概括。但是这种强烈的感情，是经过沉思提炼的，达到一种宁静的境界的结果。所以徐志摩的诗，不像郭沫若早期的诗那样暴躁凌厉。想想郭沫若的《天狗》吧，什么：“我把日来吞了，我把月来吞了，我剥我的皮，我食我的肉，我在我的神经上飞跑，我便是我了，我的我要爆了”，等等。郭沫若的狂暴的叫嚣，实在算不得成熟。到了闻一多，诗的情绪还是激烈的，但是明显地把本来很强烈的情绪提炼成了一种统一的情绪，例如，表现他归国以后失望的情绪，“我来了，我喊一声，迸着血泪，这不是我的中华，不对，不对。这不是你，是恶梦挂着悬崖，哪里是你。我问，逼迫八面的风，我问，拳头擂着大地的赤胸。我哭着叫你，吐出一颗心来，你在我心里”。这样就把强烈的感情提炼成了单纯的想象的意象，也把情感以美的形象提纯了。而徐志摩虽然倾向于浪漫主义，但是他不仅善于抒写强烈的感情，而且善于作温情潇洒的抒发。如果把《再别康桥》让闻一多或者郭沫若来写，可以想象不知有多少强烈的意象要喷发出来。徐志摩是很收敛的，反复强调“轻轻的”“悄悄的”，虽然表面上说，心里有一首别离的歌，可实际上却反复申说，不能放歌，一切的一切都是沉默的，“沉默是今晚的康桥”，也就是静静地自我享受，默默地自我体验的。这样的情感和语言提炼，正是徐志摩在艺术上成熟的表现。把悄悄的隐秘的情感集中在告别的一刹那，凝聚在内心无声的沉静中，借助西欧浪漫主义诗歌艺术方法，把自我情感美化到了极致。而闻一多的诗作则不单纯追求美化，相反，从第一节就开始极尽丑化之能事，不但是死水，而且是绝望的，不但是破铜烂铁，而且还丢下剩菜残羹。到了第二节，又反过来，把铁锈转化为桃花，铜绿变为翡翠，油腻升华为云霞，发臭的死水居然还能成为碧酒，泡沫化为珍珠。这一切都显示他所追求的是另外一个流派的美学原则，那就是象征派“以丑为美”的原则。正是这样的美学原则，帮助闻一多表现了对黑暗现实特有的愤激情绪，哪怕拿给恶魔来“开垦”，也比什么都是老样子、死水一潭好得多。

风格的"还原"和比较

把作品的形式发展、作家的审美价值观念、所属的流派、所处的历史背景等等都弄清楚了，是不是就解决了作品分析的一切问题呢？还没有。

因为上述一切，都还只是揭示了你所要分析的作品和其他同样的形式、同样的流派、同样的历史语境中的作品的共同性，而作品分析的最终目标却不应该是这一作品与其他作品之间的共同点，而是其特殊点。

可是现在许多教参中，所谓的写作特点很少真正接触到特点，常常是把许多作品的共同点拿来冒充。比如说，把《荷塘月色》说成是表现大革命失败后小资产阶级的苦闷和彷徨，这就不是《荷塘月色》一篇文章的特点，而是这一个时期，许多文章的共同点。朱自清作为一个人，精神世界是多方面的，有时，有政治的情怀；有时，则没有，如《背影》《桨声灯影里的秦淮河》哪来什么政治的影子呢？

要真正抓住作品的特点，第一，要把作者作为一个个人和他所属的阶层区别开来；第二，要把作者一时一事的感兴和通常个性区别开来。像《荷塘月色》这样的作品，它的妙处就在那离开妻子和回到妻子身边的一段很短的时间里，内心"骚动"和平复的过程。文章把似乎是瞬息即逝的、没有任何实用价值的思绪刻画出来了。如果不写下来，生活似乎没有什么损失，但是艺术上的损失却永远不可弥补了，这就是审美价值与实用价值不同的地方。

从创作论来说，一切艺术创造都不是凭空的，而是在前人的艺术积累基础上前进的。这种积累，首先是形式和流派。艺术是审美情感的表现，任何审美情感都是不可重复的，但这并不意味一切艺术创作都要从零开始，因为审美情感虽然不能重复，而艺术形式和流派却是在不断地重复的。正是在形式和流派中，积累着的人类审美情感升华为审美规范。有了这种规范，作家就不用从零开始，而是把艺术的历史的水准作为自己的起点了。但是，形式和流派毕竟是共同的，作家要遵循它的规范，但是又不能完全拘守它。完全拘守它，就变成重复了，就没有创造可言了。因而艺术的特性，又不断突破和颠覆形式和流派的积累。最可贵的是不但要遵循其规范，而且要突破其规范。最大的突破就是对形式和流派全部规范的颠覆。但是，这是一个很长历史时期的事，像唐诗从沈约搞平平仄仄到李白等盛唐诗人写出成熟的诗篇，前后经历了几百年。新诗打破旧诗的镣铐，已经八十多年，至今形式规范仍然得不到大家的认同。至于流派，当然比形式的变动要快一些，但是，不能指望大部分作家都有创立流派的才能。一般有才华的作家，他的个性、他的情感的许多方面与现成的流派和形式不能相容，经过反复探索，往往也只能在遵循形式和流派的审美规范的同时，作小量的突破，有了这种突破，他就表现出一些前人所没有表达出来的东西，这就算是有风格了。

在同样的形式和流派中，在同样的历史条件下，有风格，就是有创造；没有风格，就是没有创造。没有创造，就只能因循，而因循与艺术的本性是不相容的。余秋雨之所以攻不倒，原因就在于他创造了一种崭新的散文风格。他把自然景观拿来阐释人文景观，而且把宏大的文化思考放到和小品联系在一起的散文中去。这种风格在中国当代散文史上是影响深远的。

对于作品分析来说，最为精致的分析就是在经典文本中，把潜在的、隐秘的、个人的创造性风格分析出来。比如，同样是抒情，朱自清的《荷塘月色》和郁达夫的《故都的秋》不同。朱自清的抒情，是一种温情，用温情把环境美化，而郁达夫却不写温情，他所强调的是一种悲凉之情，说秋天的美在于它的萧索、幽远和落寞。这两个人的风格显示了他们不同的文化和美学追求。善于在对比中分析不同，对于拓展学生的精神境界和审美情操是有好处的。如果满足于把这两种风格的文章说得差不多，就可能把学生的心灵窒息了。到了写作的时候，就难免是千篇一律的滥情。

要把独特的风格概括出来，就要善于比较，这就要有精致的辨析力。

不但善于从看来相同的作品中看出相异的地方，而且要善于从看来相异的作品中看出相同的地方。这在黑格尔那里叫作同中求异和异中求同。这是科学抽象的基本功，是需要长期自我培养的。最关键的是，要使思想活跃起来。在别人看不到联系的地方，你能看到联系。

如，你读了《荷塘月色》，看出了朱自清有意省略了树上的蝉声和水里的蛙声，于是，你又在郁达夫的《故都的秋》里看到了他特别地写了故都那衰弱的快要死亡的秋蝉的嘶声，觉得它特别有诗意。一般的人不会把这两者联系起来，而你是个有心人，就应该从中看到郁达夫和朱自清在情调和风格上的差异。许多人读余光中《牛蛙记》的时候，往往又忘记了朱自清和郁达夫的作品，而一个善于异中求同的人，也就是有高度科学研究的抽象力的人，就会情不自禁地把余光中笔下的蛙和朱自清笔下省略了的蛙联系起来，一个唯恐写蛙声会破坏诗意，而另一个却偏偏大写特写，把最煞风景的情景写得淋漓尽致，形成了一种与朱自清的美化环境的自我风格完全不同的自我调侃的幽默风格。

对于风格的分析，不能蜻蜓点水，要层层深入，同样是幽默的风格，不同作家的特点要穷追不舍。例如钱钟书、王小波和舒婷都是幽默的，但我们不能表面地、肤浅地以指出他们都是幽默为满足，要把他们的特点分析出来，这需要精致的比较。比如，舒婷的散文，虽然幽默，但她的幽默带有抒情性，而王小波的幽默则更带智性的深邃，钱钟书的幽默和王小波不同，他更带进攻性，也就是更多讽刺的尖锐性。如此等等，不一而足。

读书的三种姿势

孙绍振

读书的姿势大致有三种。第一种是躺着读，这是陶渊明所标榜的“好读书，不求甚解”，但是他自己并不一定实行的办法；而大多数文学爱好者就是这样读的，其特点是没有固定的目的，真所谓“博览群书”。这种读书姿势联系着一种态度，那就是读着玩的，读得顺就读下去，读不顺干脆就睡着了，也无所谓。这种读法，是一种休息、消遣，也许还是一种享受。日积月累自然也可以增长知识，丰富精神生活，领悟人生的意义。但是，除非是天赋特别好的个别人，一般人要想迅速有效地提高自己某一方面的水平，是不可能这样轻松地达到目的的。

要真正提高自己的水平，就得采取另一种姿势，就是要坐着读。古人讲的“正襟危坐”，不但是一种姿势，而且是一种心境、态度，一种目的。那就是求知的态度，通常我们说求学问，为什么要说“求”呢，那是意味着追求的意思。要追求就得十分认真、严肃，注意力非常地集中，和躺着相比，这里有强制自己心无旁骛的意味。这是最基本的一种读书方法。大中小学的学生都不约而同地采取了这种方法。

这种方法的要领是对于书中的每一句乃至每一个字，都一丝不苟反复钻研，甚至背诵。上下左右联系，前后贯通思考，力求全面、准确掌握。正襟危坐的姿势表现出一种精神，那就是钻研，不满足停留在表面上。一般说文字的表面是很完整的，甚至给你一种天衣无缝的感觉。如果你没有刻苦钻研的精神，即使坐着，也可能是小和尚念经，有口无心。坐着读的关键是开放心灵，让它像海绵一样吸收书中全盘的精义。古人说的虚怀若谷，大致可以形容这种心灵状态。

这种读书的方法虽然很好，但还不是最好。因为坐着钻研，全盘吸收，就意味着你承认所读的书本是绝对正确的，不包括任何错误的。但是这样囊括绝对真理的书是绝无仅有的。任何作品都免不了有某种历史和个人的局限。毛泽东说过，世界上只有两种人不犯错误，一种是已经死了的人，一种是还没有生出来的人。对于书，也可以这样说。坐着钻研的时候，也有一个缺点，那就是你的思路是被动的。读书是为了认识世界和人生，而这主要靠你自己在生活实践中去体验，书本只是一种向导和坐标。因而你要主动地用你自己的体验和智慧去检验它，或者用马克思的术语说，“批判”它。这时候，你就用不着虚怀若谷了，你也不用把书上的每一句话都当作天条，在追求真理的时候，任何的自卑感都是多余的。

这时，你得改变一下读书的姿势，当然绝对不能躺着读，也不能满足于坐着读，你得站起来，也就是用俯视的姿态，把书上的东西用实际情况去检验，去分析，用你自己的头脑去批判。当你发现书中所说哪怕是有一点与实际不符时，你就要揪住不放，因为这就意味着你的认识有了提高，你已经发现了问题，而发现问题往往是分析问题、解决问题的第一步。这就是说在这一点上，你已经比书本的作者稍稍高明了一点。这时你当然还要反复思考，但是千万千万不要轻易放弃，不要有任何的谦虚，这时候用得上孔夫子一句话，叫作“当仁不让”。这是一个机遇，你和权威平等了，你在真理面前站起来了。也许你当时还意识不到，但是当你日后回想起来的时候你会感到幸福的，甚至你的脸上会出现无声的微笑。

以读《荷塘月色》为例。粗粗的读，觉得朱自清的语言极美。有些人会喜欢他那一连串的排比句，留下了好印象。如果进一步钻研，就不能躺着，得坐起来，仔细玩味全文。反复读几遍，你就会觉得并不是每一句、每一段都同样的好，而是有些段较好，有些段就不那么好。如文章快结束时，有没有必要引用梁元帝《采莲赋》中那么长一段质量并不见佳的赋体骈文呢？当然最好的是那把荷叶和荷花的香气用声音来形容的句子了，淡淡的香味像远处高楼上飘渺的歌声似的。还有在月光下，将光和影的效果用小提琴的名曲来形容的句子。懂得一点文艺理论的人会想起钱钟书先生所阐释的“通感”。至于一个人在月光下，享受那“独处的妙处”，是不是也同样的好呢？这时光是坐着，就不够了。你得站起来。余光中说这一段把话说得这么白，是败笔，中学的水平！你同意不同意呢？我是不同意的。我觉得整篇文章就这一段最深刻、最漂亮。在当时的散文中还没有一个作家把孤独写成是一种自由，一种白天里群居时不可能有的自由。经过仔细的思考以后，你坚定地相信余光中不一定对，而比起那一段引文来说这一段独创性要强得多了。

这时，你就站起来了。

（《挑剔文坛》福建人民出版社 2001 年第 1 版）

读到自己，读出问题

李镇西

“读到自己，读出问题”——这八个字是我曾经给历届学生讲过的是否读懂了一本书的标准。这是我个人的阅读体悟，也是我的阅读原则。“读到自己”，是从文本中读到了相似的思想、情感，熟悉的生活、时代……这是欣赏，是共鸣，是联想，是审美；“读出问题”，是从文本中读出了不明白的地方，不同意的观点…… 是质疑，是追问，是研究，是批判。

在读一本书的时候，“读到自己，读出问题”可能同时产生——既读到自己，也读出问题；也可能有所侧重或者只有其中一个——或读到自己，或读出问题。文学作品，可能更多的是“读到自己”，因而不停地感动，甚至热泪盈眶；学术著作，可能更多是“读出问题”，因而不停地思考，甚至百思不得其解……这都叫读进去了，或者说叫“读懂了”。相反，如果捧着一本书，毫无感情起伏，或一点困惑都没有，只能说没读进去。

有的老师可能会感到不解：“读一本书一点困惑都没有，这不正说明我读懂了吗？怎么说‘没读进去’呢？”我的体会是，懂是相对的，不懂是绝对的。我钻研得越深，问题就越多，这说明我已经懂了一点了，再发现一点问题，我再钻研，这不又懂了一点了吗？不断钻研的过程，就是不断懂的过程。如果给我一本《血液病学》或《核与粒子物理导论》，我是一个问题都提不出来，为什么？因为我根本没读懂！但给我一本中学任何一个年级的语文教材，我都可以提出许多问题，因为我教了几十年，探究了很多遍，问题当然就越来越多。包括一些经典课文，比如《荷塘月色》《荷花淀》《孔乙己》等，我每备一次课，都会发现一些新的问题。因为我钻研越来越深，能够深入地钻研，正是我“读懂”的标志。

我以我读过的一些教育著作为例——

读马克斯·范梅南的《教学机智——教育智慧的意蕴》，读到这样的句子：“教育学就是迷恋他人成长的学问。”我一下被“击中”了，因为我想到了自己几十年来，看着一批批孩子长大的情景，这的确是一种迷恋。马克斯·范梅南还说：“教育学的研究和实践从科学意义上来说永远不可能是‘客观的’。”我在心里不住地说，是的是的，远离“冷静”与“客观”而充满热情与情感，才是教育的特点。他又说：“最好的教育关系是在父母和孩子,或者职业教育者与学生之间的那种孕育了某些特殊品质的关系。对年幼的孩子来说,与教育者的关系远不止是达到某种目的(受到教育或成长)的手段;这种关系是一种生活的体验,具有其本身和内在的意义。在我们的母亲、父亲、老师或其他的成人面前我们体验到了真正的成长和个性的发展。我们与他们的关系可能比友谊和罗曼蒂克的爱的体验具有更加深刻的影响。我们可能会终身感激一位父母('一位父母?'这里翻译似有瑕疵)或老师,即使我们从这个人那里学到的物质性的知识会逐渐丧失其适切性。这部分的原因可能是由于这样的事实:我们从一位伟大的老师那里所'获得'的与其说是一个具体的知识体系或一组技巧,还不如说是这位体现和代表知识的老师的行为方式——他或她的生活热情、严于律己、献身精神、人格力量、强烈的责任,等等。"读到这里,我拍案叫绝:我想到了我的老师对我的影响,我想到了我和我学生的关系,我想到了我经常对老师们说的:"最好的教育莫过于感染。"什么叫"教育的意义"?什么叫"对人的深远影响"?什么叫"把学校教给你的都忘记了,剩下的就是教育"?……都在其中了!

读苏霍姆林斯基《把整个心灵献给孩子》,作者写道:"我总是想和孩子们待在一起,跟他们同欢乐共忧愁,亲密无间,这种亲昵感对于教育者是创造性劳动中的一种极大享受。我曾时时试图参与孩子们某个集体的生活:同孩子们一起去劳动或到故乡各地去远足,去参观旅行,帮助他们获得一些不可多得的欢乐,缺少了这种欢乐就难以想像能有完满的教育。"他动情地描述说,他知道孩子们想乘船去一个荒岛探险:"……可是我们没有船,于是我从新学年一开始就攒钱,到了春天,我就从渔民那里买来了两条船,家长们又买了一条船,于是我们的小船队便出发了。"年轻时第一次读到这些段落,我热泪盈眶,因为我想到了自己不正是这样一种心情吗!几十年后重读这些文字,我依然眼睛湿润,因为我想到了我和学生们在峨眉山雪地上的疯狂、在瓦屋山原始森林的历险、在黄果树瀑布前的欢笑、在成都郊外春天原野上的奔跑……

读陶行知的书,同样时时感到强烈的共鸣,我感慨于近百年前先生所思考所忧虑所抨击的不良教育现象,居然会在当今中国教育以及我自己的教育中找到——当我们把"千教万教教人求真,千学万学学做真人"写在校园墙上时,有多少包括我在内的教育者不但自己作假,还教孩子作假?当我们在推崇"生活即教育""社会即学校"时,有多少教育者把学校和社会以及大自然强行分开,以"安全"为由,连春游都取消了?当我们在演讲和论文中,引用"六大解放"的"名言"时,有多少教育者却给孩子加重课业负担,让无数孩子失去了充足的睡眠和健康的身体,以及自由的大脑?

这就是"读到自己"。

所谓"读出问题"的"问题"包括两类,一类是读者自己不明白的问题,一类是不同意作者的观点,觉得作者有"问题"的问题。这两类问题都是我们一边潜心阅读,一边深入琢磨的必然结果。对于第一类问题，我往往通过反复阅读，反复揣摩，结合相关的专业背景知识和自己已有的知识储备，最后一般都能弄明白，实在不明白的，就在书上注明“存疑”。对于第二类问题，我往往在心里和作者辩论，这当然也需要一定的专业知识和理论。“辩论”的结果，有时候是我输了，我明白是我的理解有错；有时候则是作者的错误。这样研究的态度、质疑的眼光和批判的精神，正是阅读者应该具备的阅读品质。

读陶行知的书，有时候我也遇到“不敢苟同”之处，比如，我感觉先生在强调“生活即教育”时，似乎有些轻视系统的书本知识传授，他特别强调读书要“有用”，说“书是工具”。读到这些论述，我就感到疑惑，甚至觉得有点“反智主义”的味道。但我反复阅读，又结合当时的中国教育现状来看，那时的教育是脱离生活实际的死读书，培养的人都看不起工人农民，甚至反过来压迫民众。我想到杜威的话：“我们并不去强调不需要强调的东西——这就是说，有些东西已经很受重视，就无需强调。我们往往根据当时情境的缺陷和需要来制定我们的目的；在一定的时期或一定的时代，在有意识的规划中，往往只强调实际上最缺乏的东西，这并不是一个需要加以解释的矛盾。”我便理解了先生说这些话的特定针对性。虽然我最后并没有推翻先生的观点，但经过这么一番质疑、思考和研究，我对陶行知思想理解得更透彻了。

苏霍姆林斯基是我无比崇敬的教育家，但读他的著作，我也有过两个疑问，一个是他似乎过于相信情感的教育力量而对教育惩罚有所忽视，一个是他对宗教的批判态度。

对第一个疑问，经过反复读他的全部著作（中文译本），我慢慢理解了这位教育家。第一，对孩子的爱、尊重和信任，是他教育的灵魂，他有一本著作的名称正是《要相信孩子》。在这个思想背景下，他的论著中反复强调情感的教育作用，是可以理解的。第二，他也没有绝对反对教育惩罚，他还写过相关的案例，但他一直强调，尽量不用惩罚，即使万不得已必须要用教育惩罚，也应该最大程度地与积极正面的教育相结合，以减少对孩子的心灵的伤害。

对第二个疑问，结合苏霍姆林斯基作为一名忠诚的布尔什维克党员，一名坚定不移的共产主义信仰者，以及当时苏联的政治体制，我便理解了苏霍姆林斯基对宗教的看法。一个人很难超越他的时代。于是，我心里理解并宽容了苏霍姆林斯基。何况，这些富有一定历史背景特色的观点和表述，并不影响苏霍姆林斯基整个教育思想超越时代和国界的真理性。

这就是“读出问题”。

“读到自己”“读出问题”，就是让自己与书在精神上融为一体。唯有这样，我们的阅读才真正走进了作者的心灵，因为“从来就没有人读书，只有人在书中读自己，发现自己或检查自己”（罗曼·罗兰）。

问题解决领域，影响我最深的 12 本书

魏智渊

《麦肯锡方法》

《清单革命》

《卓有成效的管理者》

《老师怎样和学生说话》

《动机与人格》

《适于脑的教学》

《课程与教学的基本原理》

《人是如何学习的》

《学习之道》

《复杂性理论与教育问题》

《有效的学习型学校》

《大问题》

这十二本书，在我锤炼问题解决能力的过程中发挥了十分重要的作用。其中的大部分书，我仍然经常阅读，因此推荐给大家。

问题解决是一个十分复杂的过程，需要重构观念和行为结构，因此不可能单纯地依赖阅读达成，而是一个痛苦的转变过程。在这个过程中，思的深入与行的敏捷是分不开的，打通这二者的，实际上是决心和勇气。

并且，没有足够长的时间（例如三年、五年或十年），行为很难显著改变并且稳定下来。而随着行为的改变，我们对这些书的理解也会逐渐加深。当然，在这个过程中，我们还会并且也应该读更多的相关的书，确保对同一个主题的深刻理解。

完全可以把这些书当成枕边书，每天数页，经年不断。

这是一份完全私人的书单，因此谢绝转发（例如，不要转发到朋友圈）。

1.《麦肯锡方法》

最好用的问题解决工具之一。我特别喜欢其中的两点：一是金字塔结构；二是“完全穷尽，互不重叠”。另外，这本书也会告诉你，搜集事实，一切以事实为依据是十

分重要的。而如何搜集事实,也有一套方法。

2.《清单革命》

似乎很简单的一本书,要理解却并不容易。因为清单并不是简单地列一个单子,它本质上是一种思维方式。一堆清单是没有用的,除非你能知道关键在哪里,并且把握住它。清单在航空、医疗等领域被广泛运用是有原因的,因为这些领域都性命攸关。在教育领域以及个人领域运用清单,并长期揣摩调整,会带来很丰厚的回报。

3.《卓有成效的管理者》

在这个时代,人人都应该成为管理者和领导者。而德鲁克乃是大师中的大师,这本书特别出色的地方在于,它没有繁复的技巧,而是朴素地但又直抵本质地指出有效管理的关键。特别重要的是,他指出一切管理本质上都是自我管理,这一点启发会非常大。

4.《老师怎样和学生说话》

与学生正确地交流,为学生提供正确的反馈,一直都是一件十分难的事,这本书对这件事进行了拆解,并指出了正确的方法。通常读了这本书也“没用”,因为真正重要的,乃是交流背后的观念和立场。不过,一旦决意改变,那么,这本书就是极好的指导材料。

5.《动机与人格》

动机是人类精神生活中的大问题,就像发动机之于汽车。马斯洛的需要层次论,是理解人性的最有用的心理学工具。而他关于实现者的描述,更应该当成理想人格时常温习,用之于学生,也作为教师自身自我反思的工具。

6.《适于脑的教学》

脑科学的突出进展,为学习理论提供了新的资源。这本书十分通俗地介绍了大脑对于学生的影响,出色地解释了许多教育现象。通过这本书的研读,我们能够修炼到许多技巧,知道如何做,大脑的运转更高效。

7.《课程与教学的基本原理》

泰勒的这本书,提供了一个极其简洁但十分有用的框架,他通过四个问题来说明了课程设计的原理,实际上也为我们平时设计课程以及教学提供了有益的启发,可以说带有某种奠基性。至今,我在备课评课时,也有意无意地运用此框架作为基础框架。

8.《人是如何学习的》

这本书是人类在学习理论上的阶段性成果,汇聚了与学习有关的多领域成果,尤其是开始触及了深度学习的主题。我喜欢这种为学习整体而构建的宏观视角,可以作为教师研究学习问题的框架性的或根本书籍。配套的几本书也特别值得阅读,分别是数学、历史和科学。

9.《学习之道》

或许有同名的其他书，我指的是维茨金的这本。讲述自己如何在两个毫不相干的领域都获得世界级的成就。作者未必学过认知心理学，但他对学习过程中清晰描述，生动地展现了深度学习过程。“一朵具体的花，远胜过一千种真理”。

10.《复杂性理论与教育问题》

全局性地整体性地理解教育，梳理出教育中面临的若干大问题，并提供理解思路，本书视野之开阔，涉及的领域之广，论述之深邃，是难得的，值得仔细阅读或作为共读书籍。

11.《有效的学习型学校》

如何创建一所有效的学习型学校？包括如何创建一个有效的学习型班级？这本书系统地阐释了使命、愿景、价值观对于一所学校的重要性，并就学习型学校的构建，提供了建设性的思路。这运用于一个班级也同样合适。有价值的，是这本书所代表的一种新的重构学校的思路。

12.《大问题》

大问题是哲学史。为什么在问题解决领域要推荐这本书？因为最终我们需要一个根本的工具，它就是哲学。而这本书用大问题来串起整个哲学史，给了我们很好的角度，也做了十分精彩的梳理。借着这些问题，我们可以为日常生活中的问题解决提供非常好的参照，并训练自己的思维。

书疗

张丽钧

忧时喜时，都愿意去亲近书。

最近一段时间，迷上了重温。那感觉，像是在重访故人，更是在重访自己。

当忧伤劫持了我，就学会了“书疗”。抛掉沉重的专业书籍，不要带任何功利色彩，宠着自己的阅读口味，读自己“最有感觉”的书。

多少次，我从自家的书架上拣出雨果的那部《悲惨世界》。我要会晤 16 岁那年结识的小珂赛特。我要看一看，穿着破旧衣服的珂赛特，还走在去森林里提水的夜路上吗？路过笼在蜡烛光里的玩具店的时候，她又偷眼看那穿着紫红衣服的洋娃娃了没有？当这个 8 岁的女孩提着沉重的水桶走在可怕的夜路上的时候，那只大手有没有悄悄伸过来，使她陡然感到水桶变轻了许多；那只大手，在拿走了珂赛特水桶重量的同时，也拿走了我的忧伤。清晰地记得，我在这页书上哭过；如今，我又重拾了那哭。感谢雨果，感谢他再一次抚慰了我。200 多年了，悲悯的雨果，一直用他的作品降着悲悯的甘霖，给尘世间焦渴的人们带来福祉。

很久以前，读海子的诗。看他写：“梭罗这人有脑子/梭罗手头没有别的/抓住了一根棒木/那木棍揍了我/狠狠揍了我/像春天揍了我。”我懵了。在我的心里，伟大的作家总是要“救人”的，可是，海子却说，这位作家是在“揍人”。某一些时日，正春风得意，驱遣着自己随梭罗再一次走近他那片静谧澄澈的湖水。当听他说“我宁愿独自坐在一只南瓜上，而不愿拥挤地坐在天鹅绒的座垫上”时，我突然就想起了海子的诗，果真就是被木棒“狠狠揍了”的感觉啊！不幸被梭罗言中，我不就是热烈地向往着“拥挤地坐在天鹅绒的座垫上”的一个至俗的人吗？最初阅读的时候，这个精妙的句子怎么会被我粗疏的心轻易忽略了呢？而今天，这个句子举着一根多情的“棒木”，宿命般地揍了我。而这样的挨揍，又是多么美妙、多么值得记述啊！难怪海子说“像春天揍了我”，这样的训诫，凛冽中裹着暖意，让你在一个寒战之后不期然看见了枝上鼓胀的花蕾，你清醒极了，充盈极了。一个傲然独坐在南瓜上的剪影，越来越清晰地呈现在你面前，除了膜拜，你不知道自己还能做些什么。

从台湾来的毛老师认真地问我：“为什么那些在世博会上排队等待的人们不带着

一本书呢?”我被问得张口结舌,却记得在去看世博的时候,往包里塞了一本书。我替那些忘了带书的人羞惭。那些在长队里百无聊赖地玩手机的人,舍弃了被好书抚慰一下的美好机缘。

好的阅读究竟像什么？不同的人会做出不同的回答,即使是同一个,在不同的人生阶段也会做出不同的回答吧。最近看一个评论家的“酷论”说,好的阅读就是引燃的炸药,它会在你心里炸出一个大坑,并在你身上留下终生难愈的无数细密难言的伤口。检点自己的心与身,发现它们幸运地拥有着属于自己的“大坑”与“伤口” 。我想,生命若想与“浅薄”决裂,大概离不开这样的“大坑”与“伤口”吧？好的书,会以撕裂你的方式,拯救你。

书可疗伤,书可疗俗,书可御寒,书可却暑。海子走时,带了 4 本书,他肯定是打算到那边去精读的吧？真想知道,那根棒木,可又幸福地揍了他？

读书是最好的备课

陈　文

中华民族自古崇尚知识、尊重读书人。“天下第一等好事还是读书”“书中自有黄金屋”“万般皆下品，唯有读书高”“耕读传家”等等老祖宗留下的遗训至今耳熟能详。今人有关读书作用与好处的论述何止千万？可不知从什么时候起，这“第一等好事”都让位于其他事情了。即使以“教书”为业的老师，也以没时间读，不知怎么读为由将书束之高阁。一些老师平时的教学也就甘愿充当一个搬运工的角色，把教材上、教参上，或现成的教案上的东西不作思考分析一股脑推送给学生。如此应付，结局必定是“以其昏昏使人昭昭”。

在苏霍姆林斯基的著作中，他记叙了这么一件事：一次，他去听一位历史老师的课，发现这位老师在课堂上史料信手拈来，表述准确无误，让听课者获得极大的享受。课后听课者追问这位老师用了多长时间备课？何以课上得这么好？这位历史老师脱口而出：为这堂课准备了一辈子，我一生都在备课。

一生都在备课。说得真好！这背后的潜台词就是，要上好每一堂课，必须一辈子读书学习，因为，读书是最好的备课！

是的，对教师而言，读书应当是生活的一部分。这不仅表明教师要比一般人善于学习，更在于教师要比一般人更能够理解读书的趣味和重要性。教师是学生的镜子。如果学生看不到教师读书的样子，只看到教师终日忙忙碌碌，听到教师一味告诫学生刻苦读书，他们会以为老师在骗人，会对老师敬而远之。

那么，作为一名中小学老师，可以从哪些方面入手读书呢？

（一）读基于学科、夯实功底的书

教育名家朱永新曾说，“所谓专业阅读，是指基于教师专业发展的阅读，是教师在教育教学过程中直接作用于专业实践的自觉的阅读。”为了做好本职工作，每位老师都要有从读专业书刊开启阅读之旅的意识，唯其如此，才能信心满满地走上讲台面对所有学生。读专业的书一是要做好课程标准。了解并掌握好这个学科纲领性文件。

如果你是语文教师，就要通过阅读语文学科的课程标准，明确该门学科的性质，即：工具性和人文性的统一；掌握母语学习的路数，即精读博览，勤写多练。这些常识对我们做好教学工作具有很强的指导意义。二是要读好语文教材。叶老曾有名言：教材无非是个例子。但这是一个不一般的例子，老师一定要掌握好、用好这个例子和整个教材的体系，并由此举一反三，加强积累与运用，落实语文学习的综合性和实践性。三是要读好语文学科专业杂志。作为一名语文老师，最少要订阅两种以上的专业报刊，因为专业报刊是一个窗口，可以从中了解到最新的教研教改动态，熟悉本学科名师其教育教学特点。四是要读好语文学科前辈的专著。中国现代语文的开山祖师叶圣陶，他是从课堂上走出来的世界级教育家，他的有关语文教育的论述现在读来丝毫没有违和感，值得我们反复研究。另外，夏丏尊、朱自清等现代文学家、教育家，对语文教育也有很多精辟的论述，值得学习借鉴。五是要了解改革开放四十年来我国中小学语文界涌现出的名师大家，他们的实践经验和理论探索，是一份份宝贵的财富，值得珍惜学习。苏霍姆林斯基在给刚参加工作教师的建议里提到，要多读关于你所教的那门学科方面的科学问题的书。每过一年，你的学科知识都应当变得更丰富。希望你到了你参加教育工作满十年的时候，教科书在你眼里看来就浅易得像识字课本一样。

（二）读打开思想、启迪智慧的书

一位老师要在自己的专业道路上走得更远，在读好专业书刊的基础上一定要主动地、系统地阅读教育理论著作。从广义的角度讲，教育理论著作也是专业书籍。古往今来，很多先贤为我们留下了丰富的教育理论，需要我们用扬弃的态度去吸收精华去其糟粕。一是从古代的典籍中寻找智慧。我国的《论语》《孟子》《学记》等典籍里提到诸如“因材施教”“有教无类”等教育原则现在还常常体现在老师们的行动上；古希腊苏格拉底的“产婆术（助产术）”对我们今天的课堂教学仍有借鉴意义。二是从现当代教育家的著作里寻找智慧。这里，国外的重点介绍两位对中国教育产生深远影响的人物。一个是杜威，杜威是美国现代实用主义哲学的代表，一个多世纪前，他在美国哥伦比亚大学任教，培养出一批中国教育家，陶行知，胡适，蒋梦麟，张伯苓，陈鹤琴等。他的“儿童中心”及“做中学”等教育思想，影响了包括中国在内的全世界很多国家，他的代表作《民主主义与教育》《我的教育信条》等值得仔细研读。一个是苏霍姆林斯基，苏霍姆林斯基是伟大的教育家，他 30 多年教育生涯，“把整个心灵献给了孩子们”，他提出来“培养全面和谐发展的人”的理论，与我们现在倡导的培养目标非常契合。他一生著作丰厚，41 部教育论著，600 多篇论文，1200 多篇供儿童阅读的童话、故事等文艺作品，世界上没有任何一个教育家能与他相比。他的著作是一部部“活的教育学”，是一部部“学校生活的百科全书”，被誉为“教育思想的泰斗”。他对我国当代基础教育的影响超过了任何一位教育家。他的《给教师的建议》《教育的艺术》《巴甫雷什中学》等等，令我们常读常新。三是读现、当代教育名家著作。如陶行知的著作，朱永新教授的《我的教育理想》《致教师》，李希贵校长的《教育艺术随想录》《面向个体的教育》的著述，既有较高的理论层次，又有切实的实践经验，值得我们仔细研读。四是读一线走出来的名校长和名师的书。如于漪、于永正、吴非、李镇西、程红兵等老师的书，他们的著作很接地气，值得好好思考与借鉴。

（三）读滋养心灵、温暖生命的书

这里的素养包含人文素养和科技素养，夯实这两方面的素养是语文教师一辈子的事。这类书要读经典，可以从经典中获得人生智慧和工作动力。提升人文素养一是可以从《诗经》《楚辞》《四书》《五经》一直读到唐诗宋词元曲，明清散文小说。二是可以读古今中外著名作家作品，狄更斯、雨果、巴尔扎克、托尔斯泰，诺贝尔文学奖获奖作品，中国当代茅盾文学奖获奖作品。三是可以读那些洋溢着人性关怀的作品，让自己有一颗悲悯之心。另外，读提升科技素养的书也是迫在眉睫的事。可以从读《十万个为什么》开始，这本书近几十年来对中国各阶层影响很大。还可以读如《智能革命》之类反映当代科技发展水平的书，这些书让我们对未来充满期待。

也许有老师会说，从以上几个方面去读书，并没有多少与备课、教学对接得上啊。如果从功利目的看，读这几类书确实不能“立竿见影”地直接见效于备课与教学，但广泛的阅读是一种“无用之用”，是在深度备课。因为老师爱读书，就能成为杨绛先生所说的是一个有温度、懂情趣、会思考的人。老师的工作性质是“吐”，若长期只顾“吐”而不“纳”，则不久就有被“掏空”的感觉的。老师爱学、会学，才有“活水源头”，“教”便富有了智慧。老师的视野和胸襟有多广阔，学生的视野和胸襟就有多广阔。学生观察讲台上的这个人，就可能对“学习”有清晰的认识，就明白“人”是如何立起来的。学校有这样的老师，校园才会有书香，学生跟随读书人，教育才会是生命礼物而不是精神负担。老师好好学习，学生才能天天向上。只有在这样的条件下，你才可以说：为了上好一节课，你是一辈子都在备课。青年教师入行的前十年，就是“打底子”的十年，这十年养成了读书习惯，影响自己和学生一生。最后，谨以明代诗人于谦的《观书》一诗与大家共勉：

书卷多情似故人，晨昏忧乐每相亲。
眼前直下三千字，胸次全无一点尘。
活水源流随处满，东风花柳逐时新。
金鞍玉勒寻芳客，未信我庐别有春。

在读书中学会读书

徐　飞

一、过一种平衡的读书生活

曾到一所学校，听老师讲高一年级有位男生很爱读书，尤其爱读鲁迅，几乎将《鲁迅全集》都啃下来，但令人担忧的是，他为人孤僻，不合群，且有厌世情绪。我开玩笑地说，让他多读读安徒生。过了段时间再来这所学校，老师们告诉我，他正在读安徒生童话，人也变得友善、乐观起来。

汉代刘向说，“书犹药也”，然药亦有毒药与良药之分。即便是好书，如果自己的心力承受不住，好书也会成为毒药。幸而这世上还有其他一些好书作为调补，由是观之，读书也是一种平衡的艺术。

读书的平衡艺术，主要体现在读物的选择上。余杰曾用“黑色阅读”形容他的阅读之旅，他从陀斯妥耶夫斯基、帕斯捷尔纳克、鲁迅、张爱玲的文字中读出人性的自私、冷漠，读出命运的苍凉、荒谬。这种阅读方式确能训练出鹰隼般犀利的眼睛，但人生的色彩并不总由黑暗组成，只在黑暗隧道中进行的阅读，往往会增添戾气。黑暗阅读与亮色阅读并行的阅读，可以形成气象万千的大格局。

除了以色彩划分外，世上的好书还可分为智慧书与性情书，前者如哲学、美学、社会学、伦理学等理论类读物，后者如小说、散文、诗歌、戏剧等文学类作品。当然，有些理论类好书也能涵养性情，有些性情类好书也能培育智慧。而这种简单的分类，只是为了说明，理想的读书状态，不宜专读理论而废了性情，也不宜专为“悦读”而流于浅薄。

读物的种类往往会随着年龄而变化，很多人三十岁以后便不再读长篇小说了，因为时间所限，但更重要的可能是缺少了从容、悠闲的心境。快节奏的工作状态，会将一个人的精神空间一再挤压，而阅读长篇小说需要一个足够大的内在世界来支撑。曾在地铁上偶遇一位正在读《飘》的中年女子，她的优雅、淡定一如淡淡的栀子花香弥散在车厢里。对于那种沉浸在长篇小说中的成年阅读者，我一直保持着欣赏与尊敬。

对于教师来说，我们既要读些专业书籍，为学生而读，提升教育力；也要读些专业以外的闲书、杂书，为自己而读，安顿好时常驿动的心。《理想国》《爱弥儿》《民主主义与教育》等教育名著，会给你带来教育启迪，提升职业幸福感，但如果只读这类书，视野会变得狭窄，思维会走向逼仄。教育，只是人类文化的一部分，没有站在教育之上的全景俯瞰，一切教育探索、教学改革，它的价值终归是有限的。就是柏拉图、卢梭、杜威他们，也并不是职业教育家，他们在其他领域同样有让世人瞩目的探索。闲书、杂书看似与专业无关，其实无用之中有大用，这些书籍会逐渐化为你的血液和骨骼，并最终影响、改变着你的专业发展。

有些人主张泛读，有些人主张精读，这两者并不矛盾，因为有些书只宜泛读，有些书应该精读。如果一个人将读书作为炫耀的资本，他会迷恋上泛读和速读，他可能会弄清楚哪些书一说出来就能震住旁人，然后上网搜索，只花很少的时间就能大致了解该书的相关资料，保证在向别人吹嘘时天衣无缝。他的阅读是为了获得结果而阅读，当然，我也无意否定为获取信息而进行的“功利阅读”，只是，一个人的阅读如果始终停留于功利境界，他就不能体验另一种阅读乐趣。美国学者莫提默·J.艾德勒在《如何阅读一本书》中根据阅读目的将阅读分为三种：一种是为获得资讯而读，一种是为增进理解而读，一种是为娱乐消遣而读。艾德勒认为这三种阅读的差异是显著的，为增进理解而读对促进心智成长最有意义。

一个人如果长期只为获取资讯或娱乐消遣而读，会丧失增进理解的阅读能力。查尔斯·达尔文就有过这样的苦恼，他在自传中写道：“在三十岁之前，各种类型的诗歌，比如说弥尔顿、格雷、拜伦、华兹华斯、柯勒律治、雪莱等等的作品，都能给我带来很大的乐趣……但是现在，已经有很多年我都无法忍受读一句诗了。最近我尝试去读莎士比亚，发现实在是难以忍受的无聊，让我感到恶心。我也差不多完全失去对绘画和音乐的爱好。”事实上，达尔文清楚自己因长期以来阅读和努力翻译搜集而来的资料，已逐渐丧失了对艺术作品的理解和感受的能力。而这样的教训，在我们这个信息爆炸、资讯泛滥的时代，更值得反思。

为获取资讯或娱乐消遣而进行的阅读，更多的借助于泛读；而为增进理解而进行的精读，常常与慢读、重读联系在一起。如果说泛读是向宽度的努力，那么精读则是向深度的探索，一个真正的阅读者可以泛读博览，但一定要有自己最钟情的几本书、几位作家，这几本书、几位作家是可以陪伴他一生的。这些好书是值得我们反复阅读的经典，借卡尔维诺的话说就是“每次重读都好像初读那样带来发现的书”。我卧室里也放着一排书橱，里面的书都是与我最亲密的、值得反复阅读的、于我而言最重要的书，如尼采、茨威格、毛姆、克里希那穆提、钱穆、傅佩荣、蒋勋、薛仁明、梁启超、胡适、周作人、木心、钱理群、刘再复、周国平等人的书。

读书还应在入与出之间找到一种平衡。一个人过度沉迷于书的世界,入之太深而不能打通书与生活的通道,是有很大危险的。蒙田曾谈到“文殛”,即因读书过多、过于投入而被文字之斧砍伤,丧失了创造力。完整的阅读,是一次探宝之旅,为寻宝而进山,也要带宝而出山,而不可葬身于宝山。读书入境易,而要从书中抽身而出,反观自己、反思生活,委实不易。在解决读书的出入问题上,写读书札记,不失为一种理想的方法。

二、主题阅读:专业发展的快车道

曾有一位工作十多年的老师对我说:“工作以来,我的闲暇时间大部分花在看书上,但你若问我,读过哪些专业书,读书的主攻方向在哪里,我倒真说不上。我没有明确的读书计划,读的都是自己感兴趣的杂书,比较随性。这么多年过去了,感觉读书对我的专业发展并没有多大帮助。”

这位老师的困惑可能不少老师会有同感:读书不少,但对专业发展的帮助似乎不大。

其实,读书对专业发展的帮助有隐性与显性、短期与长期之分。只要读书参与了你内在精神的构造,都会或多或少、或显或隐地影响了你的专业发展。这位老师的随性读书,其实也暗暗促进了自己的专业发展。当然,从更有效的角度出发,“主题阅读”能帮助你走上专业发展的快车道。

莫提默·J.艾德勒在《如何阅读一本书》中指出,阅读分为四个层次:基础阅读、检视阅读、分析阅读和主题阅读。这四个层次是渐进关系,主题阅读是指根据主题需要进行选择性的阅读,是阅读的最终目标,包括也超越前面的层次。该书指出主题阅读的五个步骤:①浏览所有与主题相关的书,找出最相关的章节;②根据主题创造出一套中立的词汇,带引作者与你达成共识;③建立一个中立的主旨,列出一连串的问题;④界定主要及次要的议题;⑤分析这些讨论。

主题阅读与零散阅读不同。零散阅读是散兵游勇式的游击战,由于兵力分散单薄,对战局起不到根本性作用;而主题阅读则是大规模的兵团作战,火力集中而攻击性强,决定双方的胜负走势。当然,游击战也有游击战的优势,灵活快捷,不拘章法;集团作战,旷日持久,耗神耗力,需要志趣支撑。

主题阅读,首先要明确自己的主攻方向,然后再围绕这个主题挑选相关书籍做研读。比如,邓彤老师为开设“《红楼梦》导读”选修课,利用一个暑假将《红楼梦》原著通读四遍,在一本岳麓书社出版的普及本《红楼梦》上密密麻麻写下许多读书心得;从《红楼梦学刊》编辑部邮购了自发刊号直至当年的15年间的近六十本杂志;认真通读之后，又研读了几本“红学”专著：王国维《红楼梦评论》、俞平伯《红楼梦辨》、一粟《红楼梦研究资料汇编》、郭豫适《红楼梦研究史稿》、孙逊《红楼梦脂批初探》；且四处搜集与“红学”有关的图书乃至器物；非常认真地读完几本小说理论。在此基础上，才开始正式开设《红楼梦》导读选修课，很受学生欢迎。邓彤老师说：“如果我们有志于做一个受学生欢迎的语文教师，那我们必须拥有自己的‘根据地’。在博览群书的基础上，我们必须选一本书，把它读懂读透。没有一定的阅读深度，我们便很可能永远停滞在一个较低的层次，成为只有广度而无深度的‘平面人’。”

在专业发展的道路上，选定一位名家、名师，通读他的著作、文章，吸取精髓，也是快速成长的通道。李镇西和闫学老师都为苏霍姆林斯基的教育思想所吸引，长期以来研读苏霍姆林斯基的著作与思想，写下大量的读书笔记。李镇西老师出版《追随苏霍姆林斯基》，闫学老师出版《跟苏霍姆林斯基学当班主任》《跟苏霍姆林斯基学当老师》。亲近、学习苏霍姆林斯基，使得他们的专业获得了较快的发展。

闫学老师的专业发展之路就是她的读书之路，而在她的读书方式中，主题阅读最常用。2010 年 4 月，文本细读成为语文界热议的焦点话题，这一阶段，闫学老师阅读了大量西方美学、文艺学的书籍。当她把列维·斯特劳斯的结构主义、雅克·德里达的解构主义、艾略特的新批评起源于俄国的陌生化理论等书籍通读一遍后，她的文本解读能力迅速提升，出版《小学语文文本解读》一书。

主题阅读，也是论文写作的重要支撑。论文写作，其实是围绕主题进行阅读与思考的过程。如果在论文写作过程中，闭门造车，写出的文章往往是单薄的；而围绕主题进行集中阅读，有助于深化思考，提炼观点。比如，要写一篇《葡萄月令》（汪曾祺）的文本解读的文章，在反复“裸读”文本后，最好还要从知网或维普网下载相关文章，了解相关的研究进展，在此基础上，进一步提炼文章的观点。关于《葡萄月令》的相关文章，可搜索如下：

《〈葡萄月令〉教学实录》，赵艳秋，发表于《中学语文教学参考》2011 年第 9 期。

《〈葡萄月令〉教学实录》，黄厚江，发表于《中学语文教学参考》2011 年第 8 期。

《从〈葡萄月令〉看汪曾祺的语体风格》，顾乐远，发表于《语文月刊》2011 年第 6 期。

《备课本上的〈葡萄月令〉教学故事》，曹勇军，《语文学习》2011 年第 5 期。

《汪曾祺的语调——细读〈葡萄月令〉》，汪政，发表于《新语文学习》2011 年第 3 期。

《浅谈〈葡萄月令〉语言的“孩子气”》，刘希乐，发表于《新语文学习》2011 年第 3 期。

《先给“品尝葡萄”找个支点——汪曾祺〈葡萄月令〉教学难点突破》，王守明，发表于《语文学习》2011年第1期。

……

这也是一种主题阅读，目标明确而集中，容易形成聚焦性思维，有利于问题的有效解决。

主题阅读的关键，在于确定一个有意义的主题。主题来自问题，平常教学中，要有问题意识，每一阶段都要用一两个问题来困扰自己。围绕问题或主题展开的阅读，是高质量的阅读，也是教师专业发展的快车道。

三、读书要与表述相结合

法国作家蒙田曾说："我的记忆力差得惊人，而且，我所忘记的东西甚至超过我所记住的东西。我在若干年前仔细拜读过的某些书，竟以为是自己从未读过的新作。"蒙田的这种体验，相信很多老师也都有过：边读边忘，就像一个人出去拣豆子，却不曾留意他的袋子有洞，结果边拣边漏。

既然读后总会忘，那么我们还要读书吗？事实上，即便忘记了所读的内容，但可以肯定的是，书中那些美好的语词和句子已悄悄渗入你的体内并沉淀下来，渐渐化为你的呼吸、骨肉与心血。不过，迅速遗忘总归令人遗憾，为了减少遗憾，蒙田想出一种方法："为了能稍稍弥补一下这方面的缺陷，一段时间以来，我养成这样一个习惯，即在那些业已读过而又无意再读的书尾做上记号，诸如阅读日期、形成的总的看法等。这就能提醒我记住，我在读书过程中所形成的那些关于作者性格和印象的想法。"在书尾做上记号，写上自己总的看法，这的确是一种不错的读书方法，可以让下次再拿到这本书时，借助自己的总结迅速激活记忆。而这种做法还有一个好处，写读书小结，可以帮助深入理解内容并加深记忆。

写读书小结，就是一种表述。读书是与书本的对话与交流，是信息输入与输出的双向过程，不仅要吸收书中内容，而且还要学会自我转化，将书中内容表述出来。如果读书只剩下了信息的输入，缺少了信息的转码和内化，那么读书效率就会变低，不能发挥读书对知识重构或生命重建的作用。读书与表述相结合，可以减少遗忘，让读书效果更明显。"学习金字塔"理论告诉我们，教别人是最有效的学习方式。教别人其实就是一种表述，经过表述，书本语言转换为自己的语言，通过表述在大脑皮层留下深刻的印记，改变并重组了原有的知识结构。余秋雨先生说："一个不被挖掘、不被表述的灵魂是深刻不了、开阔不了的。不被表述的灵魂无法不断地获得重组。不断地表述实际上就是在不断地组建自己的灵魂。"读后并加以表述，就是组建自己深刻而丰富的灵魂。那么，如何在读书之后加以表述呢？

写读书札记，是一种很好的表述方式。陈日亮老师的《救忘录：一个特级教师的读书零札》，是我很喜欢的一本书。这本书收录了陈日亮老师数十年来的部分读书札记，取名“救忘录”，自有深意。陈日亮老师说：“‘学如不及，犹恐失之。’于是开始着手个人的‘救忘运动’：凡有所读，多少觉得该留些记忆的，便赶紧摘到本子上，不计所读者深而所感者浅，多半会或长或短写上几句，有的则是一时兴感，与所读并无关联，庶几挽住所读的印象和零碎的感想……”“读书零札”，顾名思义，不求成篇，不求系统，只要偶有所感便随手记录，比如下面文字即是陈老师的一则读书札记。

朱光潜说：“多年来我养成一种习惯，读一部理论性的书，要等到用自己的语言把书中要义复述一遍之后，可能对这部书要较好的把握；想一个问题，也要等到用文字把所想的东西凝定下来之后，才能对这个问题想得比较透……因此，我认为理先于文或意在笔先的提法还是片面的。”（《艺文杂谈》）

我主张阅读要能够做到“以言传言”，原理与朱先生所说同。自己的写作的经验也一样可证明：不可能完全做到意在笔先。

陈日亮老师的读书札记言简意赅，“以言传言”四字就是用自己的话将朱光潜先生的话作了重新表述，这就将朱光潜先生的观点纳入自己的知识结构中。语文老师尤其应该有这种语言敏感意识，遇到“该留些记忆的”，便赶紧摘抄，不仅如此，还要用自己的语言表述一番，或认同或阐发或补充或否定，总而言之，只有经过大脑的过滤蒸馏，书本内容才能得以提纯、内化。

读书零札之外，写成篇的读书随笔或读书评论，也是一种不错的读书方式，即便只是将原书内容用自己的语言重新表述一遍，你对原书也会有更深的理解和认识。我和高万祥先生合著过《优秀教师的 30 本案头书》，两人分工，每人写 15 本书的读书评介，为写而读，这种读书方式对我是极大的淬炼和提升。因为定位为“评介”，所以我们首先要介绍下该书内容，这看似简单，做起来并不轻松。内容概述，必须基于你对全书内容的熟稔，而且初步形成自己的判断。比如我读德国作家本哈德·施林克的《朗读者》后，将全书内容压缩成以下三百多字：

这部小说分三个部分。第一部分讲述的是战后德国 15 岁的少年米夏邂逅了一位 36 岁的德国女人——汉娜，两人发生性关系。在每次性爱之前，汉娜都会要求米夏为她朗读。几个月后，汉娜突然失踪，米夏万分痛苦，四处寻找，却毫无结果。第二部分是八年后，已成为法律专业大学生的米夏，在法庭旁听一个涉嫌纳粹集中营的审判中，意外地看到了被告席上的汉娜，原来她是一名纳粹集中营看守。在审判过程中，米夏逐渐发现了汉娜是文盲。他本可以告诉法庭这一事实，争取法庭对她的从轻量刑，可是米夏没有这么做。第三部分汉娜终于被判终身监禁，米夏一直朗读作品，并录成磁带，寄给汉娜。十八年后，当汉娜可以走出监狱，获得重见天日的机会时，她却在米夏去接她的那天的黎明时分，上吊自杀了。

尽管这种概述肯定会遗漏一些重要的情节或细节，但它能帮助我加深对全书的记忆与理解。如今，经过我评介的15本书，依旧深深地留在我脑中，即是明证。阅读，然后表述，这的确是一种很有效的读书训练。

如果有时没有能进行书面表述，口头表述也是一种不错的方式。艾德勒说："你真想拥有一本书，你就把它讲出来。"读了一本好书后，你有没有产生一种迫不及待想与他人交流的冲动？如果有，你就不妨找一位听众，发表你的读书心得。你的感受会在表述中变得更加具体，你的观点会在表述中变得更加明晰。当然，这位听众最好也读过这本书，这样你们在交流过程中就会产生碰撞，引发争论或共鸣。

读书，就是"以言传言"；读书，请从表述开始。

让阅读照亮不甘平庸的人生

曹勇军

回顾自己阅读成长的历程，最大的遗憾是书读得少。有太多本该读却最终错过的好书。但即使是有限读过的这些书，也给了自己很大的帮助。回顾自己的阅读史，就是回顾自己的生命史，就是回顾自己的专业成长史。

一

我读书的历程，有几个阶段，对我一生成长意义重大。

第一个阶段是高中和下放时期。真正爱上读书是从高中阶段开始的。那时主要是读文学书。文革时期读不到什么书，有时候为了读一本书，历尽艰难。这个阶段我遇到一个好的老师——陶蔚南先生。当时我上高一，班上兴起了一阵旧体诗的写作风气，陶老师也热衷并擅长此道，我的写作才华很快被他发现了。他将家藏的《唐诗三百首》借给我，并不时加以点拨，最终我竟然把那本《唐诗三百首》抄背了下来。我深深地感谢陶老师，他给我一本青春的经典，给我人生的锻造，给我打下一点古典诗歌的底子。后来我兴趣扩展到现代诗，读了普希金等外国诗人的作品。我很庆幸，我的阅读是从诗歌开始的，由诗入手，奠定了我对人生与事业的诗意追求。

父亲单位有个图书馆，多是文革流行小说，但有一套《鲁迅全集》，还有一套《史记》。《史记》我借来粗粗翻过，不过印象深的还是《鲁迅全集》。记得是一套单行本，黄褐色，封面上一律印着鲁迅浮雕侧面像。我就一本一本借来看，《坟》《热风》《二心集》《三闲集》……读鲁迅书，特别喜欢看后面的注释。鲁迅文章很渊博，注释中历史文化信息、典故成语什么都有。也许是因为文革前编写的，所以有些说法与文革时极左的说法不同。比如鲁迅笔下提到的“拳民”，也就是我们说的义和团，注释上对此解释说，“他们采取了落后迷信的组织方式和斗争方式，设立拳会，练习拳棒，因此被称为拳民”，这就从字里行间，透露出历史真实的某种面相，有别于在教科书上学到的极左的历史观；鲁迅还说张献忠“杀人如草”，注释上解释说，“旧史书中多有他杀人的夸大记载”，当时觉得这个注释给人一种此地无银的感觉。在阅读鲁迅的过程中，我常有质疑批判的火花在闪耀。

高中和下放那会儿，正在进行批林批孔、批儒评法，当时杨国荣的《中国古代思想史》、任继愈的《中国哲学史简编》颇为流行。下放时，我就把这两个人的书拿来读。少年的时候，喜欢读这些深刻的书，以为能够解释人生。这些书都是用彼时流行的极左观点评价批判传统文化思想，但对我却不无入门的作用，只是不少内容深奥难懂，理解起来很吃力。不过那时沉醉其中，读不大懂也很快乐。这段时期，埋下了好学求知的种子，品尝到了读书给自己生活带来的快乐，也养成了愿意在书里汲取人生智慧的习惯。

二

第二个阶段是师专读书和农村中学三年任教时期。师专毕业，分配到一所农村中学，那里条件很差，风景很好。值得庆幸的是，这几年我没有荒废。我有自信，相信通过自己的努力能够改变现状，不会一辈子屈居在这里。我把古典文学作为主要的学习内容，制订了一个详细的计划，安排自己的生活。一大早起来，围着学校跑几圈，坐在小池塘边上背古文。白天忙于教学，晚上灯下苦读，主要读古典文学方面的书。我选择了王力的《古代汉语》、隋树森主编的《古代散文选》，朝夕讽诵，期练揣摩。三年时间，我差不多把《古代汉语》翻烂了。我还研读了吕叔湘的《文言虚字》、王力《汉语史稿》、徐召勋《学点目录学》、吴孟复《古书读校法》等传统文化入门书，在古汉语的文字、词汇、训诂、典章制度、目录学等方面，算是打下了一点基础。

农村中学老师特别热爱古文，对古文有一种天然的崇拜。古文好，就是功底好。学校里老教师惊讶地发现我这个小年轻古文功底还不错，背后常常夸奖我。读书，再加上突出的教学业绩，最后把我送到了县城中学。

我的读书经历是和买书联系在一起的。学校在乡下，我主要是通过邮购买书，来丰富自己的阅读。每到周六周日，就跑到镇上邮局汇款，取邮包。不管刮风下雨，乐此不疲。当时买了不少好书，比如定价只有 22.8 元的中华书局版《十三经注疏》之类。那时上海书店出了套“中国现代文学史参考资料”原版影印丛书，我买来读了不少种，如周作人的《知堂文集》、陈梦家的《新月诗钞》、梁遇春的《春醪集》等。还有江西人民出版社的“百花洲文库”，是施蛰存主编的，选的都是上世纪 30—40 年代有影响的而现在稀见的小部头文学名著。就是在那套书里，我第一次读到了沈从文的《边城》，被深深地打动。还有花城出版社出的“文学丛刊精选”，也因此读到久闻大名的何其芳的《画梦录》，至今还记得集子中《雨前》《独语》《秋海棠》等名篇。周末，学校里老师都回镇上或县城了，校园空旷寂静，独坐灯下，摩挲翻阅刚到手的好书，觉得特别充实。那段读书的日子,至今难忘!

三

第三阶段是安徽教育学院学习时期。当时一门心思想考研,花大量时间学英语,还跑到安徽大学去蹭课、听讲座。那个时候文化热、思想热刚兴起,西方新思想涌进来,有几套书很有名,比如"走向未来丛书"、李泽厚"美学译文丛书"、"文化:中国与世界"组委会编的"新知文库"等,我找来疯狂阅读。那段日子看的东西特别杂,多是介绍新知识新思想的书,迷得不得了。给我的最大影响是开阔了视野,培养了趣味。根据我的个人趣味和治学轨迹,我本应该是一个县城中学读了很多书的老夫子,但是我并没有成为这样的人,这个读书的关键点很重要。合肥毕竟是省会,高校多,又处在文化高潮期,潮流激荡,时风鼓动,人人海德格尔,个个存在主义,什么《在历史的表象背后》,什么《阿Q的性格系统》成了学子的葵花宝典,李泽厚们、金观涛们更是我们的超级偶像。虽是皮毛,但把书拿来摸了摸,翻一翻,跟在后面囫囵吞枣连滚带爬,培养了对异域新知的好奇和敏感,思维激活了,眼界打开了,格局也变大了。

此前我不过说读过有限的外国文学,无法构成西方学术背景。现在打开了窗户,看到了西方的学术世界,政治、历史、思想、人类学、文化学,琳琅满目,五光十色,感到从前的知识框架陈旧,原来的"经史子集+儒道释+中外文学名著"的知识框架完全崩溃了。读书的价值取向更是完全不同。原先希望什么都知道一点,追求一种近乎炫耀似的渊博和丰富,现在则是运用新思想解决问题,治学上问题意识出现了,学着去独立思考和研究。这类西学新知的阅读,我持续了很多年,经历了思维的风暴和重生,脱胎换骨,重塑了自我。

四

最后一个阶段是参加苏教版高中语文教材编写组。教材组不仅是个编教材的团队,更是一个学习研究的共同体。新课标有了,可是新教材长什么样谁都不知道,于是大家一边学习理论,一边摸索:阅读大量文学作品,筛选出符合教材要求的经典文本,用最恰当的方式编排成学习的框架。教材组是个优秀的团队,其中有教育专家,有大学教授,有作家评论家,还有中学一线老师。频繁密集的会议研讨,智慧的脑袋交流碰撞,一场场头脑风暴,一次次尝试修改,眼界一天天开阔,学识一天天看涨。我读了很多书,尤其是教育方面的书。之前我教育方面的书读得不多,看得也很皮毛。有朋友一句话对我触动很大。他说,不要贪多,看个十本八本,真正弄通融会贯通。我于是认真读,先后读了怀特海《教育的目的》、蒙台梭利《童年的秘密》、杜威的《民主主义与教育》、帕尔默的《教学勇气》、波兰尼的《个人知识》,还有《学记》《朱子读书法》,还有蔡元培、胡适、潘光旦……把中西方的教育理论多少恶补了一下,并最终形成了"疑大于知,道重于术,真高于美"读书治学的价值和信念。

五

有一次,一位我敬重的朋友问我家里有多少书,我说不多,就三四千本。他大手一挥,一脸不屑地说:要那么多书干吗!我没你那么多书,文章不照样写吗?当时我很不以为然,但是这句话常常在耳边回响。之后,每当我坐拥书山,被书本营造的虚幻包围陶醉,以为自己占有其中知识的时候,这句话就响起来。它提醒我:读书到底为了什么?我的回答是,读书是为了提升自己的职业水平和生命质量,让自己有能力参与今天教育文化的创造。我不希望自己一辈子只当个读者,希望自己读读书,教教书,最后还能写一两本书。而长期的读写摸索中,前方"山有小口,仿佛若有光",这若明若暗的亮光召唤着我,引导我一路前行。

读书就要读,多读才会读。著名教育专家杨九俊先生告诉我,他自己的语文阅读能力不是大学培养的,而是自己当年在农村中学当代课老师锻炼出来的。那时候,他每天和同事同读一篇《光明日报》上的文章,然后一起讨论,分享、纠正自己的观点和理解,一直坚持,一年差不多读了300篇文章,解读能力得到极大的提高。不要迷信别人说的这个法那个法,好的读书方法一定是与你的读书经验、读书个性吻合的。比如郑板桥说过,"善读书者,曰攻曰扫。攻则直透重围,扫则了无一物"。话说得很痛快,却不一定适合你,因为相当多的书绝非"一攻""一扫"就能解决。我读书经验告诉我:读书要以笨自居,要有几分傻气,要耐烦,要耐难,要耐不懂处,更要耐焦虑耐煎熬,耐寂寞耐孤独。自认为聪明,浮光掠影等于没读。听扬州大学的朋友介绍前辈学术大家任半唐先生读书事迹,深受启发,引为楷模。说当年任先生住在成都一个大杂院中,院中喧闹不堪,他每天一早起来,背一个背篓,到图书馆读一天书。背篓里有热水瓶,有午饭,还有许多旧日历纸。他把阅读中看到的有价值资料抄在旧日历纸上,回家后贴在旧报纸上订成大厚本子,如是日积月累,成就《唐戏弄》《唐声诗》等几部大书。

人一辈子要读几本大书,而大书又往往是由若干长文组成,因此,要有意识锻炼自己读万字长文的能力,并把它当作突破口。一般人读文章的心理极限和意志长度,常常不超过一万字,往往缺乏读万字长文的经验和习惯。一两万字长文若能一口气顺利地读下来,阅读能力才算强大。我曾对朋友戏言,提高自己学术阅读能力,就要从多看万字学术长文入手,能从浩浩荡荡的长文中看出一种气象,读出一种美感和享受来,才能算是读书人。

六

读书是一辈子的事,一个人不可能把天下的书读完。读书,永远是在路上。读书治学的过程注定是这样的:在理解原文的基础上,把原文中的有关信息,与自己的认知结合在一起,引发自己的思考;把自己零散的思考、碎片化的东西组成粗糙的小结构,最后慢慢形成自己清晰的知识框架和系统。阅读的本质,永远是书中原有之义与自己个人理解的化学反应,书中的内容,对你更多是诱导,是启发,是补充,是孕育,更是诞生。我更愿意把读书看成是一种创造和运用。当一个东西能被你创造性运用之时,为己所用,成为自己思想知识的一部分,才算是真正的读书,才能把自己从读书的沉重认知负担和自我怀疑挣扎中解放出来。而写文章,通过写作来深化读书,便是创造性运用的最高阶。对文章进行概括、质疑、评述和运用,就会在心理上产生占有和超越的自信,不然就只能做书本的奴隶、做别人的思想奴隶。

未经表达的读书不是真正的读书。创造性读书,就是要用脑和笔在书中一步一个脚印走一个来回。要动动笔墨,做点札记摘抄。札记摘抄的重要价值是可以"抄"成一篇新文章,甚至一本新书。把文字从书中抄出来时,许多书中本来无法碰到一起的段落和语句组合起来,阅读这些来自不同的书和文章的材料时,会给人新的思考,有了创新的可能性。原先我做笔记总不长久,书架上躺着大大小小许多笔记本,有的记了半本,有的记了若干页,后来觉得这样下去不行,我读了这么多书,没有笔记等于白读。读了米尔斯的《社会学想象》,受到冲击,知道笔记就是自己的学术档案,关乎学术生命的健康。于是我就拿我校学生用的普通作文本做笔记,并效仿前人,取名"日知录",把内容分为"阅读笔记"和"生活笔记"两大类,一本一本记,越记越多,还不时翻阅温习。这些年读书的成果,都在这几十本笔记中,这些年写的论文,也越来越受惠于我的笔记。

创造性读书并非一条直线,而是互为参照的网络。有时候读不懂,反复读是一个办法,还有就是找到围绕这本书的若干本书来读,直到最后把这本书基本读懂为止。任何一本经典周围都有一批参照性的读物,往返多次,可以帮助我们读懂经典。经常听专家讲,要读一流的原典。对于普通人来说,这话有一定欺骗性。真实的情况是,还应该在一流的书之外,搭配着读些二流三流的书,搭建各种通道,进入到你研读的那本书里面去。有些书看很多遍,可能也就这个水平。萝卜烧萝卜还是萝卜,要萝卜烧肉,才有味道。比如古代《论》《孟》《老》《庄》这类原典书,不借助权威注释,很难深入理解;又如柏拉图《理想国》,读再多遍可能也就这样的认识,要借助人家解说性的二流书三流书，才能稍稍接近它。

近些年，我把读人和读书联系起来。我认识许多专家学者，他们知识渊博、趣味广博，富有创造力。在学术交往中，我发现一个现象：他们的理论和他们的个性有联系，他是这样的人，才有这样的理论观点。和他们交谈的时候，那么多厚重的书，要旨和关键还原一下就是几句话。是啊，一个人最初的学术思想和观点都应该是简单的，后来随着所占有的学术资源越来越多，思考越来越深入，想法和观点不断得到提炼加工，才变成一个严密庞大的理论体系。我喜欢看学术作品的初版本，因为学术原创点就在里面。和这些专家学人交往，再读他们的书，读书变得简单了，书也变薄了。

七

以上说的都是读书有用，其实，很多时候读书看起来"无用"，至少是没有立竿见影之用。读书对一个人成长的帮助是有条件的。它包括个人的努力拼搏程度、教学的上进心、教学经验的积累，以及实践中的学习和反思能力，此外如师友的帮助、团队的支持、学校的整体氛围等，都不可或缺。只有当这些条件都具备了，读书才有可能为我所用，帮助我们在专业成长的道路上走得更远，把不甘平庸的奋斗人生渐渐照亮。

读些基本的书，读经典

温儒敏

这里我顺便说说如今大学普遍实行的通识教育。所谓通识教育，应当包含这么几层含义：这是面对所有大学生的教育；又是相对专业教育而言，属于非专业、非职业性的教育，与专业教育可以互相补充；还有，这是全人教育或博雅教育，通过接触人类文化的精粹，在人文、社会、自然科学等领域获取通识，培养有教养、有能力、有责任的公民，最好是那种有通融识见、博雅精神和优美情感的人。这样来定位的通识教育，就不只是课程的调整补充，更不是来些拼盘点缀，而是实行一种更利于培养健全人格和博雅精神的教育理念。

通识教育最重要的还是读书，是引导学生接触人类文化经典。不要搞知识“拼盘”，要读一些相对公认的基本的书，而且要通读。在短短三四年宝贵的大学时光，与其浮光掠影读许多“节选”或概论，东张西望上各种“好听”的讲座，还真不如通读一二十种经典。各种“概论”或者“文学史”“哲学史”“艺术史”也有用，就是提供基本的知识背景和书目，但这不能取代原典的通读。想知道梨子的滋味，就要亲口尝一尝，阅读经典，要的就是那种了解、思考、涵养的过程，这是“养性”也就是精神成长的必须途径。

我主张各个大学减少一点“拼盘”的通识课，不应满足于开设那些有轰动效应、能吸引听众的讲座，而应当多开设中外经典通读课程。比如一学期就让学生通读四五种经典。老师适当引导，不多讲，主要让学生自己读。每学期都安排一些，在一定范围内规定学生选修。这不难做到。如果学校没有安排这方面的课，同学们可以自己来安排，给自己设计一份书单，比如，三四年时间，通读二三十种基本的书，也就是中外古今的经典，首先考虑是公认的那些经典，也适当考虑自己知识结构的需要。还应当读点伟人的传记和文学作品。在现今平面化、粗鄙化的空气中，这些传奇人物的事迹会让人感受到何谓英雄气概、何谓献身精神。二三十种书量不算大，大学几年能坚持读下来，就很不错了，一定大有获益。无论是网络阅读，还是纸质书阅读，首先都要重视安排经典阅读。经典是经过历史筛选沉淀下来的，是人类智慧的结晶，年轻时多读一些经典，可以为精神成长打底子。或许，现在的青年人接触经典会有隔膜，包括语言形式上的隔膜，这是很自然的。阅读经典需要沉得下心来，需要“磨性子”，这也是“养性”，是涵养的过程。有一份超越，有一份尊崇，尽可能调动自己的感觉与灵性去接近，去理解，就能深入堂奥，高雅的兴趣就会慢慢培养出来。

读书总不能抓到什么是什么。这一点特别要注意，网上阅读一般容易无计划，跟潮流。如果要“充电”，就必须有一定的计划性，还要注重经典性，多选适合“悦读”又启迪心智的作品，而不能采取网上阅读的那种姿态，只跟随潮流或者完全由着性子来读。

建议每人都有一份自己的书单，设定在几年内，应当读哪些书。要有计划，有整体考虑，让读书有些系统。书单要考虑时间的安排，有可行性，一般来说，可以包括三部分，是可以套在一起、彼此交错的三个圆圈。

最外围的，是通识的部分。这些书应当是最基本的，凡是上过大学受过良好教育的人都应当读过的。主要是中外文化经典。阅读的目的，是接触中外文化经典，感受人类智慧的结晶。最外围的这个大的阅读圈，量不一定很多，比如大学三四年能通读十来本中外经典，就很不错了。

第二部分，是与自己从事的专业或者职业相关的部分。比如，学物理的，可以给自己安排读点化学、数学、生物以及信息科学等方面的书，还有就是与物理学有关的邻近学科领域的书，也可以读点类似科技史、科技哲学以及教育类等领域的书。学文科的，也要读点理科的书。这样做的目的是打基础，拓展专业视野，触类旁通，活跃思维。

第三部分，实际上就是核心部分。这一部分的书目主要围绕自己的专业，或者自己特别感兴趣，希望有所研究、有所发展的那些专业。应当有比较明确的指向。倒过来看，最核心的那个部分，是专业和职业需要，当然最好不完全是现炒现卖的书，要有自己培养保持兴趣的课题或者领域。

此外可以有一些消遣性的、娱乐的，但不应当是主体，也不必计划太强，随意读一点，调节一下就可以了。

阅读经典的获益当然有深有浅，但可能会有这么几个层面：

第一是知识了解的层面。比如在读柏拉图的《理想国》时，不大懂，可以先找相关的西方哲学史或希腊哲学的常识性的书来参考，读得粗一些不要紧，先知道大概。然后读完《理想国》，就应当对西方文化某些本源性问题有了大致的了解。

第二是启蒙思索的层面。在阅读中最好多一些“为什么”，甚至有些质疑，大胆思索某些问题。也可以结合某些相关的研究论著，进行初步的探究。比如读詹姆逊的《晚期资本主义的文化逻辑》，很自然会引起对当下互联网时代某些新的社会现象的批判性思考。

第三，也是最重要的，是感知层面。要在理性与感性交融的阅读中，适当超越出来，思考经典的智慧与意义，思考自身与这个世界的关系，思考应该如何承担自己对这个世界的责任，等等。这不是一般的知识掌握就能解决的，必须沉浸在经典营造的精神世界中，通过自身感受、体验去达到，这也就是人文教育的特点吧。当然，三个层面可能互相叠合，不一定硬是分拆开来。

阅读方法也有多种。我比较主张读三遍。

第一遍粗读，可以结合相关的"概要"读物，对经典文本有大致印象即可，这一遍读得要快，可以是浏览。

第二遍比较细致地通读，基本掌握经典的精神脉络，能把一本厚书读成薄书，用自己的语言（其实是通过自己的思考）简要概说全书的精髓。

第三遍带着问题读，有重点地读，如果是文学作品，更是要浸润式阅读。

当然，每个人读书习惯不同，完全可以各有各的读法。读完二三十本基本的书，还可能顺藤摸瓜，有兴趣地选择某一方面做更深度的阅读，那么，有"点"有"面"，有了对中外文化和文明的了解与感悟，就有些"底气"了。在瞬息万变、充满机会和诱惑的信息时代，读经典可以养成良好的阅读习惯与阅读口味，可以"养性"，也可以养成良性的生活方式，是为一生打底子的事情。

（《温儒敏谈读书》商务印书馆，2019 年第 1 版）

底蕴是书堆起来的

王崧舟

我爱读书。有人问:"王老师,读书是不是你的业余爱好?"我说:"错了,应该把'业余'二字去掉。"读书是我全身心投入的爱好,于我而言,读书跟吃饭一样,跟呼吸一样,在我的生活中是非常自然的。关于读书,我有三句话——

第一句:为己读书。

孔老夫子在《论语》中说过:有两种学问,一种叫"为己"的学问,一种叫"为人"的学问。他认为古之学者为己,今之学者为人。什么意思?老夫子认为,古时候的君子读书是为了他自己,为了修炼自己的身心,为了充实自己的精神能量,为了提升,为了超越,为了让自己活得更好,所以他才读书,他才做学问、做研究。

所以我们读书为什么?为自己,不是为别人,为别人读书的人时刻想着我今天读了一本书,明天我在人前炫耀一下。为了炫耀,为了显示自己有学问,或是为了外在的一些目标,如我要做一个课题,我要拿一张文凭,于是我不得不去读书。这样的读书,跟生活、跟生命是相隔离的。用王国维的话来说,处于一种"隔"的状态,是两张皮。而我认为,真正的读书完全为自己,就像吃饭。你为什么要吃饭?我要活着呀。你为什么要呼吸?我要活着呀!你为什么要读书呀?我要活着呀。道理就这么简单!

第二句:天天读书。

人的生命有三个:生理生命、社会生命、精神生命。生理生命主要通过吃饭和呼吸来解决,社会生命主要通过交往来解决,而精神生命的成长,我认为主要是通过读书来解决,所以你非得天天读书不可。黄庭坚说过:"士大大一日不读书,则尘俗生其间;三日不读书,对镜则面目可憎,对人则语言乏味。"三日不读书是否面目就可憎,这很难说,语言是否很乏味,也很难说,但是我相信,一日不读书,尘俗一定生其间。一个人心里装的诗书多了,书卷气就浓了;尘俗多了,市侩气就重了。一个老师,尤其是一个语文老师,在他的举手投足之间能不能少一点市侩气?能不能多一点书卷气?取决于什么?取决于你能否做到天天读书。我可以很自豪地说:"这一点,我做到了。"

第三句:随性读书。

我读书,漫无目的。钱钟书先生的夫人杨绛先生在回忆钱钟书读书生涯的时候,有过这样一句话，她说“钟书自从摆脱了读学位的羁束，就肆意读书”甚至“随遇而读”。那是一种多么迷人的读书境界——随性读书。

我的藏书有六千多册，我的书房里，顶天立地的都是书。我自己拟了一副对联挂在书房，上联是：明月一帘无心照。因为我书房的窗外是开阔的地带，有小河，有廊桥，流水淙淙，杨柳依依，风景这边独好。晚上能看到月亮从东边升起来。下联是：诗书半斋随意读。到书店，我拿到书，只要对这本书有感觉，我看一下目录，或看一下章节，就买下来，一定读。我读书没有计划，很随意，很随便，比如——

流行的书，我读。于丹的《论语心得》，读！易中天的《品三国》，读！刘心武的《揭秘红楼梦》，已经出了第三部了，读！全部都读过！很多人骂于丹，说于丹是化神奇为腐朽。不瞒各位说，我是喜欢于丹的，我觉得于丹讲得不错。她很聪明，她讲的是“于丹论语心得”——我讲的是我自己读《论语》的心得呀！这有什么不可以呢？解构主义的哈罗德·布鲁姆不是这样讲过吗，一切阅读皆“误读”。我就是这样理解《论语》的，为什么就不能把我的心得跟大家交流呢？

流行的书读，不流行的书也读。汪荣祖的《史学九章》卖不动呀，滞销的书，也读；钱穆的《晚学盲言》是先生晚年，在眼睛失明的情况下，由他自己口述，他的夫人、他的弟子帮他整理的一本书，写得好！核心内容谈中西文化传统的异同，你想把握国学的精要，可能这是一本最好的入门书。杨成寅的《太极哲学》很难懂，说老实话，我到现在还读不懂，但我爱读，越是读不懂就越是想读下去，一种好奇的欲望吧。

入世的书，帮助我更好地活在俗世的书，我读。比如台湾傅佩荣的《哲学人生》，这书写得好，深入浅出。早几年卡耐基的《积极的人生》，帮助我克服了自己的焦虑，帮助我看到了自己人性上的弱点。彼得·圣吉的《第五项修炼》，什么系统思考啊，共同愿景啊，自我超越啊，心智模式啊，团队学习啊，很难读，没办法，就是爱读。

出世的书我也读。六祖慧能的《坛经》，这个好读，读起来有味道。南怀瑾先生的《如何修证佛法》，这本书真好！你要坐禅，你要修行佛法，你要求开悟、求解脱，最好的入门书就是南先生的《如何修证佛法》。索甲仁波切的《西藏生死书》，好！临终关怀，全都实实在在地写在里面了，告诉你怎么走得坦然、走得从容。人生最大的两门学问，一门是出生的学问，一门是死亡的学问，这本书专讲死亡的学问。

教育类的书，我读。苏霍姆林斯基的《怎样培养真正的人》，我推荐给我们学校的老师。我到杭州市拱宸桥小学当校长，给老师的见面礼就是送给大家人手一本书，书名就是苏霍姆林斯基的《给老师的一百条建议》，我们读了一个学期。田正平先生的《中国教育经典解读》，一册在手，中国教育的经典思想、经典理论全部都在里面了。石中英写的《教育学的文化性格》，视野宏阔，学养深厚，是迄今为止我读到过的最有文化底蕴的教育类专著。

非教育类的书我也读。比如范曾的《吟赏风雅》,写得洒脱,写得雅致！王小波的《我的精神家园》,一边读一边偷着乐,黑色幽默,写得真好！刘小枫的《沉重的肉身》,试图回答困扰所有当代人的一个重大问题——性伦理的问题,尽管读得艰涩、读得云里雾里的,但还是读着,因为我依然困惑。

语文课程类的书我读。王尚文先生的《语感论》,写得好！我的语文教育思想一多半受他老人家的影响。潘新和先生的《语文:表现与存在》,上下两册,洋洋一百多万字,这是我所看到的迄今为止中国当代语文课程理论方面最有建树、最有见地的一本书。王荣生先生的《语文科课程论基础》,那真叫做学问,那种理论的涵养,那个思辨的功底,真叫过硬,确确实实是科班出身。

非语文专业的书也读。比如兰色姆的《新批评》,我建议我们的语文老师都能够学会文本细读,这"文本细读"的理论和技术就是新批评学派提出来的。韦勒克的《文学理论》,美国人写的,搞文学理论的人都知道,在全球范围内,这是一本最为经典的文学理论教材。汪曾祺先生的《人间草木》,真好！文字的功夫已经到了出神入化的地步。在中国作家中,他的文字风格我最喜欢。史铁生的《务虚笔记》,半自传体的小说,史铁生小说的核心思想深受刘小枫先生神学思想的影响,你要读懂史铁生,你就要读懂刘小枫。

学术类的书我也读。比如朱光潜先生的《诗论》,太好了！我教《长相思》,在这个课里面,最核心的教学思想就是受了朱光潜先生《诗论》的启示,朱光潜先生认为诗是不可解的。诗最重要的是一个"见"字,你只有"见"到它,你才能深得诗之三昧。你可以把《红楼梦》和《诗论》对照起来读,形成一种互文式的"参读",能更好地体会朱光潜的观点。

《红楼梦》里有个语文特级教师,谁？林黛玉！她教香菱作诗。那真叫教得好。香菱初学诗时,喜欢陆游的诗,林黛玉对她说:"取法乎上,仅得其中;取法乎中,仅得其次。"你一开始一定要读最经典的:老杜的诗读一百首,青莲的诗读一百首,摩诘的诗读一百首。这三个人,一个是诗圣,一个是诗仙,一个是诗佛。你看林黛玉教香菱的方法就是"先学后导"。果然有一天,香菱来找黛玉,汇报读书心得。她说,诗的好处就是想来你有嘴上说不出的,但闭上眼睛一想,好像这个景就在眼前似的。想来这个地方似乎没有什么道理,但你倘若要找一个别的什么字来代替,却不行。她说这就是诗的好处。比如王维的《塞上》:"大漠孤烟直,长河落日圆。"想来这个烟怎么会直呢？可闭上眼睛,仿佛这景就真的在眼前,想来这个落日自然是圆的,这个"圆"字似乎用得太俗,想找个字来换,可再怎么找也找不出比原字更恰当的字。这个时候贾宝玉来了,听了香菱的话说,既然这样,也用不着看诗了,会心处不在多,听你说了这两句,可知"三昧"你已得了。你看,林老师的教学效果多好！

王元化先生的《文心雕龙讲疏》,这本书厉害,是极品。朱良志的《中国美学十五讲》,看得我三日不知肉味啊,好书!

国学经典类的书我也读。王阳明的《传习录》,是王阳明传心法给弟子们的各种言说,由弟子记录下来的。阳明的学问是致良知的学问。他认为,无善无恶,心之体,有善有恶,意之用。心念一动,就有善有恶。知善知恶、为善去恶,这就叫致良知了。他认定每一个人都有良知,这个良知是让人做善的事情。

西方经典的书我也读,比如:尼采的《人性的,太人性的》,尼采的哲学有很多可取的地方,他强调人是一种唯一需要超越自己的动物。天地万物当中,只有人会不断地超越自己。再比如海德格尔的《存在与时间》,说老实话这本书我读不懂,读得我头都大了,还是读不懂,但我有种瘾,想读下去的瘾,这种瘾,可能比读得懂更过瘾。再比如说汉默顿的《思想的盛宴》,把西方两千多年来最伟大的思想家、哲学家、宗教家、科学家、文学家的代表思想都汇编在这本书里,值得一读。

儿童的书我也读,比如《小王子》,比如《爱的教育》,再比如塞林格的《麦田里的守望者》,里面粗话、脏话多得很,但很有味道,我一边读就一边笑。

显学的书,是用于管理、用于治人的书,我读。比如说曾仕强的《管理思维》、余世维的《赢在执行》、曼狄诺的《羊皮卷》,这些书我都读。

潜学的书,就是不能在桌面上摊开来的,不能谈的一些书,我也读,如《了凡四训》《禅是一枝花》《四柱预测学》。

我始终觉得,对人的精神生活影响最为深远的莫过于读书:一个人的心灵结构在很大程度上取决于他所读的书的结构;一个人的思想境界从根本上说就是他的读书境界。

(《诗意语文——王崧舟语文教育七讲》华东师范大学出版社,2008 年第 1 版)

读书，自以为非

张祖庆

“读书，自以为非”，这是前辈、著名特级教师钱正权先生，生前对我说得最多的话。他常常告诫我，人啊，绝不能自以为是。越读书，越觉得自己知之甚少，这叫“读书，自以为非”。

我记住了先生的话。因此，无论在哪个岗位上，无论顺境、逆境，我始终和书在一起。“读书，自以为非”，让自己始终保持饥渴状态和谦卑状态。

在这个世界上，还有太多值得我们好好读的好书没来得及读。

关于读书，其实每个人都有自己的私人经验。回顾自己的阅读史，有这么几条阅读建议，供读者参考。

多读经典，少读烂书

叔本华曾说：“读好书的前提，是不读坏书。”金克木先生也曾说过“书读完了”，大意是，书是读不完的；如果我们读“书中之书”，书是读得完的。至于哪些是“书中之书”，我们可以读读金克木的《书读完了》，里面提到很多“书中之书”。

我们要读经典的文学作品。外国的，中国的，凡是经典，都可以找来读读。莎士比亚、托尔斯泰、陀思妥耶夫斯基、普鲁斯特、川端康成、塞万提斯、马尔克斯、海明威、加缪……这个名单，可以列得很长。木心的《文学回忆录》，提到浩如烟海的文学作品，可按图索骥，找来读读。

中国教师，尤其是语文教师，是要有几本古书打底的。《诗经》《礼记》《论语》《庄子》《孟子》《左转》《世说新语》《史记》《三国志》等。喜欢历史的，还可以读读顾颉刚先生写的《中国史学入门》，该书第二部分专门就经书、子书和战国古书进行了论述，对那些我们所耳闻的经典著作进行了全面系统的介绍。另外，有功夫可以再结合钱穆先生的《国史大纲》和吕思勉先生的《中国通史》，对历史就会有一个大概的了解。要想对古代中国传统文化有一个概览，还有一本套书很不错。那就是由北京出版社出版的《大家小书》，一整套，很棒。《唐诗杂论》（闻一多）、《宋词赏析》（沈祖棻）、《诗论》

(朱光潜)等等,都是好书。而且,这些书都很好读,不难。

敢于闯进阅读伸展区

阅读需要大胆地走进伸展区。伸展区有一定的挑战性的。我们不要害怕深度阅读,那是通往未知世界的路。一本书就是一个未知的世界,有深度的书,会为我们打开一条通往广阔天地的路。恕我直言,韩寒的书、郭敬明的书基本上不会为我们打开通往世界的路的。

周国平的哲学随笔,文字隽永、清新,耐人寻味。可以读,但不能只读他的书。同样是哲学书,唐君毅、徐复观、冯友兰、王阳明的书有一定的挑战性。读了之后,我们会深入思考目前自己的存在,引发对存在的自我拷问。也有的书是读不懂的,比如《存在与时间》我现在就读不懂。读不懂,暂时不读它。等到有一天,想读了,再打开。读不懂的书,是一座座高山,一直存在,令人敬畏。它们默默召唤我们,等有足够脚力之时,再去攀登。

唐君毅《人生体验之续编》,读起来有点累,对我来说,是具有挑战性的阅读伸展区。但把它啃下来,很有启发。有段时间,我对他人对我的评价比较在意。有一天,我读到了这段话:“一个人名满天下,他即存在于天下一切人之是非毁誉之中。而一个历史上的人物,他即永远存在于后代无限的人之是非毁誉之中。这些都是世间俗情不容否认的事实。”这番话,让我一下子豁然开朗。这句话,也让我想起庄子的“举世誉之而不加劝,举世毁之而不加沮”。从此以后,人家对我的正面评价也好,负面评价也好,我都笑笑。誉之毁之,他人之事,何必理会。这本书是我的知音之书、生命之书。这本书,我看了很多遍。虽然有一些地方读不懂,但是慢慢地啃,算是把它啃下来了。

语文老师要适度往历史类和思想类的书籍上拓展一下。思想类的书,可以关注一下下面的几本书:《论法的精神》(孟德斯鸠)、《历史深处的忧虑》《我也有个梦想》《带一本书去巴黎》(林达)、《人类群星闪耀时》(茨威格)、《道德理想国的覆灭——从卢梭到罗伯斯庇尔》(朱学勤)、《往事与随想》(赫尔岑)、《论语今读》(李泽厚)、《爱的艺术》(弗洛姆)、《我的精神家园》(王小波)、《问学记》(许倬云)等。此外,历史类作品,我个人比较喜欢《埃德蒙·伯克读本》(埃德蒙·伯克)、《庐山会议实录》(李锐)、《袁氏当国》(唐德刚)、《万历十五年》《黄河青山》(黄仁宇)、《江河万古》(许倬云)、《古拉格群岛》《古拉格:一种历史》《帝国的回忆》(陈曦原)、《潜规则:中国历史中的真实游戏》(吴思)、《光荣与梦想》(威廉·曼彻斯特)等。当然,这只是我所遇见的有思想的好书,你未必喜欢。或者,你会觉得这些书太幼稚。

做一个荤素不忌的阅读者

我是非常赞同读杂书的。

我读书，有时候完全凭着好奇心去读。《禅与摩托车维修艺术》，这本书到底讲什么呢？于是找来读。有一本书叫《为了报仇看电影》，看题目也很有意思，于是，下单。文字学要读，经济学可读；古典文学要读，哲学史、建筑史等亦可读。读书要杂，读得进就读；读不进，暂放一边，不去硬读。

我喜欢把相关的一类书，混搭在一起读。

自然主义经典《瓦尔登湖》，可与《沙郡年鉴》《林中水滴》混搭着读。后两本书，文字非常优美、诗意，好读，耐读，常读常新。

对大地的描写，我喜欢把苇岸的《大地上的事情》和陈冠学的《田园之秋》《芳草》对比着读。两位作者，都用质朴的语言，对一年四季物候进行诗意描写，对一年农事进行客观书写。这样的文字，散发着泥土芬芳。读这样的书，让人澄明。

刘亮程的《一个人的村庄》和李娟的《阿勒泰的角落》，也是可以对比着读的。这两本书，把西北黄土地上的村庄生活，写得宁静诗意。

作家汪曾祺有一本《人间草木》，大学教授周宁也有一本《人间草木》。前者轻盈，后者凝重；前者写花草虫鱼，后者写人间百态；前者风轻云淡，后者荡气回肠。轻松闲适时读汪曾祺的《人间草木》，如品佳茗，回味无穷；意志消沉时读周宁的《人间草木》，如观悲剧，让人顿悟。

同样是写死亡，余华的《活着》让人喘不过气来，迟子建的《额尔古纳河右岸》则相对客观冷静。

写西南联大往事，岳南的《南渡北归》人物众多、资讯翔实、跌宕起伏，是一曲磅礴的大鼓；张曼菱的《西南联大行思录》，则如纪录默片，客观、理性、怀旧，如一首隽永的小令；何兆武的《上学记》则以“我”的眼睛为摄像机，精准地还原一代大师的课堂神采，似一幕精彩的戏剧；宗璞的《野葫芦引》则以小说笔法，诗意叙述那个年代的悲欢离合，娓娓道来，引人入胜，如一壶醇香的老酒。

儿童文学，则更适合这样混搭着读了。成长小说、动物小说、幻想小说，一个类型一个类型去读，其乐无穷，不亦快哉。

偶尔批注，懒得摘抄

曾有机会造访周一贯先生的书房“容膝斋”。先生做学问之严谨，让人肃然起敬。

书房里，二十几个抽屉，分门别类，摆放着一叠又一叠文摘卡。怪不得，我常常在先生的书中、文章中，读到无数恰到好处而新奇精妙的高人论述。仿佛，这些句子和案例，先生总能信手拈来。事实，盖因先生勤于摘录也。

受到触动，也曾下决心学着做，然缺乏长情，坚持半月，最终放弃。书还是要读的，怎样留下一些痕迹呢？于是，在字里行间做点批注，表示来过一遭。我总认为，一本书里精彩的句子，眼前一亮的观点，一定会像钉子一样钉在心里，在无意间被我们记住。记不住的句子，说明它不够打动我们。每每读到这样的句子，深有感触，我会情不自禁地把它们画出来，偶尔做些批注。不必洋洋洒洒，三言两语，便可。

一直以为，做批注，是最笨也是最好的阅读方法。金圣叹《华堂六大才子书》，就是典范，尤以《水浒传》为佳。读金批《水浒传》，我们不但学得文本细读的方法，也能悟得批注的门道。

批注，可多轮次进行。一遍一遍地读，一次一次地批，不同时期的"我"，不期然地在同一本书中相遇。

真好，真好。

迷恋他，读透他

《红楼梦》里有关于香菱向黛玉学诗的章节，颇有意味。

香菱笑道："我只爱陆放翁的诗'重帘不卷留香久，古砚微凹聚墨多'，说的真有趣！"黛玉道："断不可学这样的诗。你们因不知诗，所以见了这浅近的就爱，一入了这个格局，再学不出来的。你只听我说，你若真心要学，我这里有《王摩诘全集》你且把他的五言律读一百首，细心揣摩透熟了，然后再读一二百首老杜的七言律，次再李青莲的七言绝句读一二百首。肚子里先有了这三个人作了底子，然后再把陶渊明、应玚，谢、阮、庾、鲍等人的一看。你又是一个极聪敏伶俐的人，不用一年的工夫，不愁不是诗翁了！"

这段话，既是作文之道，亦是读书之道。曹雪芹借林黛玉之口，告诉我们要大量地、持久地阅读经典作品。"取法乎上得其中，取法乎中得其下"，所读之书的品质，决定了读书的收获。钱穆先生在《中国文学论丛》一书里进一步阐释道："倘使我们有一年工夫，把杜工部诗抄一百首，李太白诗一百首，陶渊明诗一共也不多，王维诗也不多，抄出个几十首，常常读，过了几年拿这几个人的诗再重抄一遍，加进新的，替换旧的，我想就读这四家也就很够了。"

是这么个理儿。比如读一本《戏剧大全》，每家选一部戏，你读了近百部。不如老老实实研读莎士比亚、研读《西厢记》。读《戏剧大全》之类的书，犹如进入万人会场，人头攒动，却不相识，不可能学到真本领。还不如在一些小小的沙龙里，有机会跟高人倾心相谈。就像我们平时逛菜市场，总不可能每样菜都看一遍，再下单，而是选自己喜欢的。“学问如大海，‘鼹鼠饮河，不过满腹’。所要喝的，只是一杯水，但最好能在上流清的地方去挑，若在下游浊流地方喝一杯浊水，会坏肚子的。”钱穆先生所言甚是。

最近几年，我每每迷上一个作家，就会把这个作家的所有书找来阅读。前提是，这个作家的作品，总体水准相当高。中国当代作家阎连科，是一个奇异的存在。他独立特行，不依附于某些组织，而是按照自己的风格去写作去发表，写出一部部让人惊叹的作品。总体来说，我以为阎连科不逊色于莫言、贾平凹、王安忆等作家。他写的书我都找来读。其他，像孙犁的书、汪曾祺的书、沈从文的书，我几乎全部读过。

总括起来，读书之于人的成长，意义非凡。我总认为，一个老师，教书生涯前八年，靠的是灵气、机遇。但是到后期，他跟别人比拼的是什么？一定是底蕴。底蕴是怎么来的？是书堆里冒出来的。

有老师问，你要写文章，要看电影，要上公开课，现在还要做课程，你的时间哪里来？老师们，每天坚持阅读半小时，一年下来，你能够精读 20 本书，十年就可以精读 200 本书。我出差时，一般会在飞机上可以看完一本书。每次参加会议，都会带一本书。开会之前，开会间隙，都会挤出时间看书。有时候，一些无聊的会议，有机会读书，也读。开会偷读，莫大享受。

（《给青年教师的 36 条成长建议》长江文艺出版社，2021 年第 1 版）

阅读中繁星如沸

——如何让阅读有效发生

连中国

阅读与写作其实都指向“你究竟理解过多少人类高级的智慧与心灵”这一核心问题。不少学生的回答是“我没有理解过什么,但我却很想得分”。同学,你这一回答,其实于得分之道已是南辕北辙。如果有老师支持你这一想法,他要么是真不懂,要么是图财。这一核心问题,其实就是最大的得分秘籍。

所谓涉世渐深,可能就是一个人逐渐被“事”彻底占领的过程。一个人接受教育的最核心的意义之一,恐怕就是不希望自己将来心里只容得下“事”,而逐渐背弃了“书”,直到心里觉得“书”太傻,再也放不进去任何一本“书”为止。心中有“书”的人不会彻底屈从于现实,因为他还有自己的灵魂生活,还有远方,他还在不断地修复着因久溺人事而产生的“坏区”。

“书”是对“事”最关键的一场救赎。倘若有人问我,一个心里有“书”的人和一个满脑子都充满了“事”的人最大的区别是什么,我会回答:若一个人心中有“书”,他的心中便有了一片晶亮沸腾的星空,他的生命无论是面对工作还是面对生活,都有了更丰富的空间与弹性。

人文阅读构筑了我们每一个人生命的基石

20世纪50年代,我国高校院系调整,从综合性的大学中剥离出许多专门性的学院。这样的培养模式,当然是为了“多快好省”地建设我们的国家,但与此同时,本该丰富的“人”也被固化在自己的专业领域里。涉入专业的程度愈深,“人”便愈封闭、愈窄小。

我的一位学生的家长,是一位非常著名的医生。不久前,他专门和我谈论他儿子进入大学后的阅读问题。起因是,我的这位学生既高度近视,又学理工类专业,却将大量的时间投入人文类的阅读上。父亲是医生,担心孩子的用眼健康,因此希望孩子将有限的“眼力”放到自己的专业领域的阅读上。

我们的交流是坦诚的。我的基本观点是我们不能拒绝人文类的阅读,不能只有专业化的知识,因为人文类的阅读帮助我们认识生命并且修复生命,构成了我们生命大厦最重要的基石。"人"涉世愈深愈严重的一种迷失,便是被职务、职称、地位等"炫"住,进而忘记了把握"人"最核心的一个概念——生命。人所有的外向性指标,其实都是构筑在"生命"这个基础之上的。陈平原先生说:"那些渊博的、玄妙的人文学,比如文学、史学、哲学、宗教、伦理、艺术等等,是整个人类文明的'压舱石'。行船的人都知道,出海必须有'压舱石',否则很容易翻船。"

一方面,优质的人文阅读可以帮助人拥有更丰富、更开阔的可能性,养成更内在的指向"人"本身的深入思考习惯;另一方面,这种可能性一旦与自己的专业接轨,就会产生别人始料不及的成果。现在主要应引导孩子在保护好眼睛的前提下,多读一流的作品。

充分交流后,这位学生的家长感慨地说:"确实,我们这一代人真是典型的有专业知识、没有文化,完全是靠自己朴素的感觉去适应现实、认识现实、理解现实的。"

如鱼在渊,如风过林

在网络时代如何有效阅读,这是整个时代的课题。结合自己的教学体验,我以为,若想让优质的阅读发生,应该满足以下几个基本条件。

优质的阅读是要排斥喧嚣的,特别是当我们的内心被"事"彻底占领后,现实里不断获取的利益对遥远而美好的阅读便形成了一种本质上的排斥,"事"越来越重要,"事"也越来越多,"书"便被渐渐边缘化了。

我们还应该用自己内心的光亮去寻找自己的阅读。阅读若总是时尚化,我们便难免"中计",一场浮华过后,内心依旧荒凉。阅读是自我的修行,往往需要一个人上路,而不能依靠"集体"。

一旦决定阅读,就要放下以往的成见,要放下白天的自己,要放下太多现实的利益诱惑与任务驱动,将自我修复到最初的纯挚而好奇的状态。

如一条鱼,沉潜在书页的河流之中,感受水波的浮沉,让文字如水珠一般与自我相吞吐……又醇化为一缕风,穿林而过,感受枝叶的阻隔与扶助,听任自己的回旋与转身,吸纳整个树林的光影与芬芳……

请原谅我上述这些不着调的"诗情画意",因为阅读本质上就是出离现实,就是不满现实的不着调。

阅读一旦入情入境,本身便是一场"诗情画意"。人类正是依靠阅读,构筑自己的"天堂"。我想这便是博尔赫斯所言:"我心里一直都在暗暗设想,天堂应该是图书馆的模样。”只有构建起这样的一种“诗情画意”，进入过这样的一座“天堂”，才能有效解构现实里的种种“积极配合”，使之成为推动自我内心与未来发展的有效力量。

“天堂”并非只是脆弱的“彩虹似的梦”，因为博尔赫斯还说过：“我走进图书馆，立刻以一种几乎是肉体的方式，感到了书籍的重力。”阅读可以帮助我们剔除现实带给我们的“硬壳”，让生命得以畅然呼吸，帮助“人”回到生命最质朴、最根本的位置上，重新确认我们自身。

有阅读在，证明我们没有被彻底肢解，我们还有愿望和理想，我们还有自我的精神追求，我们还有单纯的沉潜，我们还有自己的内心生活。

美好、优质的阅读，就是在我们内心的天幕上降下一场银白的初雪，那些可爱晶亮的雪花化于掌心，融入心中，变成了我们生命中的星星与孕育春天的力量。

繁星如沸

“繁星如沸”的说法，既来自胡兰成，也来自我的一位热爱阅读的学生。一次，她在交上来的作文中说，以前读书，曾读到胡兰成的“繁星如沸”，百思不得其解，后来外出，在一个大平原上看星空，见繁星点点，布满开阔的夜空，浩渺纷繁，星光灿烂，真好像群星沸腾了一般。

她说那时她一下子理解了这一描述。美好的东西，包括一往而深的阅读，从来都不会是一种虚茫的空泛，开始似乎并没有立即产生什么作用，但一旦它与我们的现实积极融合起来，就会使我们的工作与生活展现出新的前景。

阅读的人心中繁星如沸，这样的一个星空，会帮助我们拥有更加富有生命气息的空间与弹性。这样的空间与弹性既指向工作与任务，也指向我们的生活与人生。

“书”对峙着“事”，质问着“事”，解构着“事”，也在默默之中、泪水之下成就着更加美好开阔、前所未有之“事”。

（《语文课Ⅲ》中国人民大学出版社，2019 年第 1 版）

过一种持续而适度的读书生活

李冲锋

关于读书,前人已有非常丰富的经验与各种各样的读法,我也曾介绍过一些读书的心得与经验,现在想分享一直在谈论,更一直在践行的读书认识:过一种持续而适度的读书生活。

一、为何要持续而适度地读书

读书是人生中重要的事情。从小我们就要到学校里去读书,人生里很长一段时间要在学校里过专门的读书生活。学生时代的读书主要是为了完成学业,是为学习而读书,甚至为考试而读书,所读的书也主要以教材为主,课外读物为辅。毕业之后走上社会,开始为了生活和工作而打拼,没有了学校课业的压力,没有了硬性规定,也没有了他人的督促,读书成了个人自由自愿的事情,结果有些人渐渐地远离了书本,变得很少读书,甚至不读书。为什么会这样呢?

读书属于重要而不紧急的事情。

说读书重要,是因为读书是人生上水平、上境界、上层次的重要途径,读书对于提升个人修养、提高专业水平、提高工作效率、提高生活质量等都有非常大的作用。

说读书不紧急,是因为一天两天不读,不会有什么影响;一月两月不读,也不会有什么影响;甚至一两年不读,也不会有多大的影响。可是,当长期不读书的时候,就必定会产生影响了。

读书和不读书给人产生的影响多是隐性的、长期长效的,不容易直观地、立竿见影地看到。

虽然很多人能够认识到读书的重要性,但由于读书的不紧急性导致了在实际行为上离读书越来越远。由于很少读书,或者不读书,读书的重要性渐渐被消解了,不读书的弊端也慢慢彰显了,处于泥泞而不能自拔的人生困境之中而不自知突围之法的窘况发生了。

如何改变不读书或少读书的状况呢?

建议:每天读点书。换言之,过一种持续而适度的读书生活。

持续,就是"每天"读一点。只有每天阅读,天天坚持,才叫"持续"。如果坚持读了 365 天,366 天没读,367 天又读这叫"断续"。如果老是读读停停,停停读读,这叫"断断续续"。如果读了一段时间以后不再读了,这叫"断而不续"。只有每天都读,无论读多读少,这才叫"持续"。

适度,就是每天读书的量是自己能够接受的程度。不要累着自己,累着自己就不好玩了。

适度和持续是相辅相成的:因为适度,所以才能够更好地持续;因为要持续,所以才要适度。适度是前提,持续是保障。只有持续而适度地阅读,才能够让读书真正融入生活,让读书成为一种生活方式。

二、怎样持续而适度地读书

要想真正过一种持续而适度的读书生活,需要认识阅读的价值,产生阅读的意愿,树立阅读的目标,养成阅读的习惯,享受阅读的乐趣。

1.认识阅读价值

之所以不愿意读书与对读书价值的认识不深刻、不到位有关。只有深刻到位地认识读书的价值才会产生强烈而持久的阅读意愿,并持之以恒地坚持下去。

读书是以最低的成本提升个人价值最便捷的途径。读书会形成自己独特的认知、独特的思想、独特的价值,从而形成自己的独特的核心竞争力。这种核心竞争力,不论是在专业发展、职场打拼,还是日常生活中都可以给我们以强有力的帮助。

读书未必会直接带来现实的功名利禄,带来现实的有形利益,但读书是安顿身心的重要方式。人生在世的一个大问题就是安顿身心。安顿身心,除了物质的基础保证,更多的要靠精神的力量,而读书是调和、开拓、提升我们精神的重要途径。当我们的心量大了,问题就小了,烦恼就少了;当我们的精神世界开阔了、敞亮了,我们的人生也就敞亮了。读书成就最好的自己,读书成就更美的生活。

读书与不读书过的是不同的人生。姑且不说读书所带来的社会分层的差别,就是在日常生活中,读书与读书也会有很大的差异。看到大千美景时,读书人可以脱口而出:"落霞与孤鹜齐飞,秋水共长天一色。"不读书的人则只能拍着大腿说:"哇!好看!"高雅与粗俗、细腻与简单就立刻彰显了。

谁读书谁受益。读书者是第一受益人,也是最主要的受益人。读书所获得的知识拓展、思想改变、观念提升等,是任何人都不可取代,也无法夺走的。读书不仅使自己受益,而且还可以使读书的效益外溢。在自己读好书的基础上,还可以进行亲子阅读、同伴共读等,进而去影响自己的家人、朋友、同事等,使自己的阅读成就更好自己的同时,影响更多的人。

读书是一个不断使自己增值的过程,是一个不断使效益扩大化的过程。读书,这么好的事情,为什么不读呢?

2.产生阅读意愿

充分认识了读书的价值,我们就可以产生读书的意愿。阅读意愿,就是自己能够充分认识到读书的价值和意义,有想读书的想法、愿望。对阅读价值的认识是根基,阅读意愿是读书梦想开启的亮光,真正的阅读是从良好的阅读意愿开始的。

对读书排斥、厌倦甚至痛恨,提到读书就头疼,都是没有阅读意愿的表现。学生时代的读书因为有课程的硬性规定,课程的考核会一刀切,要求又很严格,所学的课程未必是自己兴趣喜欢的,有的人会对读书学习产生厌倦甚至厌弃的情绪。有的人在毕业之后就不再读书,甚至认为自己不是读书的料。这些都可能会影响毕业之后的阅读行为。可是,毕业以后的阅读,或者说社会工作生活中的阅读,与学生时代的阅读是完全不同性质的。毕业以后的阅读是自由的阅读,不是规定性的阅读;是主动的阅读,不是被动的阅读。自己是读书的主人,完全可以由着自己的兴趣爱好去读。读什么书,读多少,怎么读,读到什么程度,都由自己说了算。不应该把学生时代不喜欢读书、不愿意读书的印象迁移进后学生时代的阅读中,反而应该从学生时代读书苦的困境里解脱出来,在社会生活的阅读中弥补过来,享受读书的快乐。

浩瀚的书海里蕴含了古今中外无数读书人著书人的智慧。那些经典著作更是高智慧高能量的结晶,具有穿越时空的恒久的力量。我们在专业上、在工作中、在生活里所遇到的各种各样的问题,都可以到书籍里寻找答案,寻找慰藉,寻找启发。不读书就是一种自我关闭,关闭与这些高人交流、与这些智慧碰撞的机会,就会错失人生中很多的机遇,错过工作上很多发展的空间。

书籍是个宝,去读书就是在书山书海里寻宝的过程。没有了读书的过程,自然也就得不到那个宝藏。你愿意错失这个过程吗?你还不想读书?

3.树立阅读目标

阅读目标是自己在一定时间内读书要达到的预期结果。目标是激励行为的重要因素。没有目标就没有方向,没有目标就没有动力。阅读目标是激励阅读行为得以持续的内驱力。阅读目标可大可小,可以根据自己的实际情况来设定。

阅读目标往往是量化的,以单位时间内完成的阅读量来制定。比如,以“年”为单位来定目标:3 年读完 100 本书;以“月”为单位来定目标:每月读 1 本书,一年可以读 12 本书;以“周”为单位来定目标:每周读 1 本书,一年下来可以读 52 本书;以“天”来定目标:每天至少阅读 15 分钟,或每天至少阅读 10 页书。当然,最好是把年度、月度、周度阅读目标与每日阅读目标相结合,既有远的目标又有近的目标,一个个近的目标完成,最终完成远的目标,这样比较合理可行。

有目标也可以是量化和质性相结合的。比如,一年之内阅读古文无障碍,3 月内背诵某部经典。

最好形成大目标、中目标、小目标,环环相扣的目标环。比如,大目标是三年读 100 本书,中目标是每年读 36 本书,每月读 3 本书,小目标是每天至少读 15 分钟。一个个小目标实现,中目标达成;一个个中目标达成,最终大目标实现。大目标实现之后,再进行新一轮目标设定,以此类推,就像滚雪球越滚越大一样,越读越多,走上持续阅读之路。

4.养成阅读习惯

要想持续而适度地读书,必须养成良好的阅读习惯。

我们知道,21 天养成习惯。可是,21 天养成的习惯是不稳定的,90 天才能形成稳定习惯。为了培养稳定的习惯,我们至少需要坚持 90 天。可是 90 天对很多人来说是很长的。那怎么办呢?仍然是把长目标变短。建议在前三周,先定第一个大目标:坚持阅读 21 天,即习惯初步养成的周期;中目标是 7 天,即 1 周;小目标是每天。接下来就是实行,每天坚持。每天坚持的目标也不要太大,我们说要适度,可以是每天至少阅读 15 分钟,或者每天至少读 10 页。小步慢走,日拱一卒,才能够持久,最是持久能致远。

常言道“前三脚难踢”“万事开头难”,习惯养成最难的是初期,因为会有很多不习惯,很多不适应。这个时候就特别需要坚持,需要意志的加持。当读书的想法动摇的时候,当各种杂事冲击的时候,当各种诱惑扰乱的时候,当坚持不下想放弃的时候,一定要咬咬牙坚持拿起书本。最难熬的几天过去之后,就会发现坚持根本没有那么难。过了适应期之后,就会进入舒适区,养成阅读的惯性,习惯成自然,以后就可以每天自然而然地轻松阅读了。

大家知道,良好的习惯会使人终生受益,而持续而适度读书的习惯,就是使人终生受益的好习惯。每天读一点书,每天都会接纳一些新的思想、信息、观念……每天就会进步一点点,积少成多,聚沙成塔,量变到质变,阅读就会产生奇异的力量,带来不可思议的效果。

5.享受阅读乐趣

苦读还是乐读,这是人们讨论的一个话题。学生时代的读书,多是为了完成课业,为了考试,迫于外在的要求,迫于竞争的压力,很多时候是在苦读。后学生时代的阅读,没有了课业的要求,没有了外在的规定,读书变成了一种自发自愿自觉的活动,这个时候就应该乐读,在阅读的过程中享受读书的快乐。

享受读书的乐趣,对持续而适度的阅读是很重要的。趋乐避苦,是人的本性。很少有人愿意自讨苦吃,苦差事也永远是人们所逃避的。读书亦然,如果读书是一件苦差事,那么是很难持久的。读书是一件乐事,人们就会由于趋乐而读书。

世间有各种乐事,各种快乐,但各种乐事所给予人们的刺激和影响是各不相同的。有的乐事让人堕落,如嫖赌吸毒;而有的乐事却让人提升,如琴棋书画,包括现在所谈的读书。读书给人的快乐,主要不是感官上的、肉体上的、物质上的,更多是心灵上的、精神上的、智识上。读书具有一种精神之美,具有一种精神之乐,是一种高级的高雅的乐趣。所以,颜回"一箪食,一瓢饮,在陋巷,人不堪其忧,回也不改其乐",那是因为他充分享受到了读书学习所带来的理智之乐,在道之乐。

阅读是愉悦的,阅读属于信息的吸收,每读一点我们就获得一点,每获得一点,就会产生获得感。在不断获得的过程中,我们不断提升,不断发展,不断成长。每天阅读所带来的获得感、成长感、成就感,可以激励我们持续地读下去。

三、走上持续而适度的阅读之路

读书不紧急吗?其实,读书也是紧急的。一日不读,一日无知;一日不读,一日不进。君不闻:"三日不读书,便觉言语无味,面目可憎。"君不闻:"三代不读书,便有言谈无知,子孙愚昧。"若是如此,岂不让人着急?还能说读书不紧急吗?

既然读书重要而紧急,那还不赶紧读书?

怎么读书?

走上持续而适度的阅读之路。

过一种持续而适度的读书生活。

我们俩不会道别

肖培东

老屋要拆了，搬出来最多的还是书，然后就是附在书上的那些浸润着书墨香气的时光和记忆。

我竟然还能找到三两本《少年文艺》《当代少年》。储藏室的旮旯里，我费力地挪开那些积压着的瓶瓶罐罐，才看到那一捆捆沉默了多年的书籍，这几本就在其中，很安静，不辩争。轻轻地拭去灰尘，看着它们重新露出鲜艳和生机，我差点儿就湿了眼睛。《少年文艺》《当代少年》，记忆中还有《儿童文学》《小溪流》等，在那个物质贫瘠的年代，它们曾是怎样地齐心协力将一个男孩的少年梦渲染到无边的烂漫。清新诗意的故事，童真童趣的语言，细腻生动的描写，天马行空的想象，纯净美好的境界，既有那年那月的年少生活的描摹，更饱含着恒久不变的温情、善意与爱的留存。我把它们从陈旧的昏暗中移出，打开一本，摊在阳光下，很激动地看着书里的儿童画，再读着那一段段隽永、精致、清新的文字，那个看似远去的纯净的世界瞬时又重新把我包围。

“雨滴多么轻盈，世界给我的触摸多么温存。”一个在煤矿长大的男孩，当高山荒草、蝉鸣虫飞、炊烟夕照都无法满足他对世界的渴求的时候，他适时地把自己交给了阅读和书籍。书成了他的世界，他的雨滴。黝黑又老实的矿工父亲则从微薄的薪水中为儿子挤出了一份读书的悠游自在，让他不必天天因眼馋伙伴们手中那些带画的书，而一次次地站在人家门口的灯下等候。每月杂志要到的那几天，我就会上午下午地往矿区的小邮电所跑，眼巴巴地看着阿姨剪开捆杂志的包裹，紧紧地盯着她手中滑过的一本又一本。少年的眼睛尖，每次不等阿姨说，我就会高声叫着“我的，我的”，然后她就会笑着，递给我鲜亮的一本《少年文艺》或者《当代少年》。我鞠了躬，便一溜烟地往回跑，跑到半途，就会坐在通往家里的矸子山洞口的大石头上，就着黄昏的霞光乐滋滋地读着。我读给自己听，也读给满山的石头听。路过的叔叔阿姨见了，连连说：“这孩子日后读书有出息。”我就读得更欢快了。读着读着，清清的风就会吹起薄薄的纸页，石头旁的野草自由地舒展着婀娜的腰肢，洞口读书的少年，就这样笼在纯真、文艺的氛围中，不拘时令地、率性地生长。

人民文学出版社出版的插图版的《水浒传》，三册只剩下两册了，第一册好像是在我读初一那年被同学的哥哥借走了,后来就再也要不回来了。这套书是1981年买来的,那时我才读小学四年级。邻居叔叔家有好多书,《西游记》《隋唐演义》《封神演义》什么的我几乎都在他家读个遍,诸如"岳家将""杨家将""罗家将"等故事也多是从他家那个泛黄的书橱里读到的。叔叔喜我聪慧,也乐得把自己珍藏的书借我翻阅,时不时地还会告诉我新华书店又到了哪些好读的书。等我把梁山好汉108将的排序、绰号背个滚瓜烂熟,叔叔说,新华书店有全本的《水浒传》,还带着插图。我于是就被书店里的新书勾住了魂,好几次跑到八里外的镇上,在书店的橱窗前荡来荡去,最后干脆就把小脑袋搁在橱柜上,眼巴巴地看着营业员拿进拿出。《水浒传》三册,三块多钱,在那时是很大很大的一笔钱。我见过父亲戴着矿灯帽一脸黝黑地从矿井里升起,我是知道母亲怎样顶着烈日在砖瓦窑厂搬砖拉车的,我不敢说,眼里却抑制不住渴望。叔叔知道我的心事,特意找我父亲商谈。我不知道他是怎么说服我的父亲的,只深深地记得父亲变戏法似的掏出这套书时一脸的神圣与认真。父亲不识字,母亲也是文盲,那个午后,灰头土脸的父亲母亲来回走了十多里的黄沙子路,很骄傲地站在木门下,解开布兜,递给我三本厚厚的书,满眼慈祥地看着我。阳光照在门外的树上,也透过缝隙投射在我瘦小的肩上。我捧着书,幸福地摇晃着。门框中的我,在父母眼里,就像一把插在木色笔筒里的鹅毛笔,他们期待着我能书写出什么来。虽然,他们也知道,我未来的考试成绩,和这套《水浒传》好像没有什么关系。我站在一捆捆书中间,它们把我围成了圈,拽着我逆时针地走进过往的时光。我才发现,我曾经是这样深深地嵌进一本本书里的!最重要的是,我原来是如此爱读书的一个人!

我开始闭上眼睛,想象那个辽远的过去。有了书的连缀和填充,贫瘠的岁月便不再荒芜。你一旦爱上了读书,世界就不再是原来的世界,它开始丰富,开始斑斓,开始温暖,也开始亲切。余秋雨说:"阅读的最大理由是想摆脱平庸,早一天就多一份人生的精彩,迟一天就多一天平庸的困扰。"我不知道我的阅读是早一天了还是迟一天了,只是读着读着,那些庸常岁月里一度无足轻重的花草,就会异常美丽地开放在少年的心中。我开始对世界无限痴迷地感兴趣起来,它的过去,它的现在,它的将来。还有它的物质,它的精神,它的诗歌……

"我们俩不会道别,肩并肩走个没完。已经到了黄昏时分,你沉思,我默默不言。"阿赫玛托娃的诗句,感觉写的就是书与我们的缘分。

而今,少年已经远行,那些书呢?

我们俩不会道别,就像那套褪色的《十万个为什么》丛书,几经辗转,依然不离不弃。说是丛书,其实是陆陆续续地收藏了其中的几本,医学的,物理的,数学的,应该是我读初一的时候买下的。如果说《少年文艺》满足了我对世界的想象,《水浒传》引导我走进好汉天地,那么,这几本封面黑红相间的《十万个为什么》填充着我对未知对秘密的向往和期待。0.1 和 0.10 是一样的吗？物质除了固态、液态和气态以外，还有其他形态吗？人的脑子为什么能记那么多东西？为什么有些小麦能在夏天播种？重新读读这些目录，读读这样有趣的问题，我惊讶于少年的我对未知世界的好奇和热爱。继而是深深的羞愧，我已经有多少时间没有像样地读过一本科普作品了，甚至我有多久没有这样热爱地纯粹地去读书了。不舍得扔书，和持续性地阅读，是两个概念。“我们俩不会道别，肩并肩走个没完。”只有捧起书来读，才是真正地在“走”个没完，真正地不会道别。很多阅读，与其说是被岁月和经历中断，不如说是被以后泛起的功利心和急躁心绝缘。我现在的阅读，更准确地来说，是为职业读书，是为自己的讲台读书，却没有为这个世界、为自我心灵去读书。鲁巴金说：“读书是在别人思想的帮助下，建立起自己的思想。”我用是否有用有利的实用主义哲学来构建自己的阅读，却忘记了，阅读还是对宇宙万物、自然奥秘和灵魂精神的真正崇敬和虔诚景仰。多多读别人的好书，读各种丰富人生思想的好书，会让我们系统而清醒地在别人的书中求证自己，从而适度地、缓慢然而清醒地改变自己，重建自己的认知世界甚至思维模式。杨振宁先生曾经说过，物理学到尽头是哲学，而哲学学到尽头是宗教，所有的东西是一个大圈。爱读书，必然爱世界，爱天地，爱万物，爱人心。阅读是一种责任。如梁文道所说：“读书到最后，是为了让我们更宽容地去理解这个世界有多复杂。”成人世界里的我们，都应该回过头，看看最初的路上自己捧读过的书，也许，我们的初心，我们对这个世界最真实的情感，就在这些字里行间。

老屋里搬出的一捆捆书，让我感动，也让我羞愧。我找到了那些稚嫩却坚韧的读书时光，也看到了自己日渐与阅读疏远的身影。老屋里的书，积着灰尘，我的心，又何尝不是在积累着世俗的尘埃？我把书遗弃在角落里，书又何尝不是把我遗弃在俗世的旮旯里？奥地利思想家贝塔朗菲阐述艺术、诗、历史等人文现象时曾经说：“它们不是短期的、有用的价值，而正是自身的目标……当人这种可怜的生物带着动物的本能，在数千种压力下，在复杂的社会中疲于奔命时——能超越动物的也仅仅是这一无用性，这构成了人类的本质……”悲哀的是，贝塔朗菲所说的人的本质，正在被我们漠视、摒弃。也有人问纯空法师：“为何出家？”纯空云：“我要回家。”而今，老屋昏暗处，一本一本的旧书摞起，仿佛是在垒起一层层的台阶，引我走回原该是天清地宁的那个世界，那个少年曾经坚守的家。

我们俩不会道别，肩并肩走个没完。我对书说。

书不语，沉默在黄昏里，凝视着我回家的路。

读书的味道,慢慢"煲"

汲安庆

一

墙角的花,你孤芳自赏时,天地便小了!

这是冰心诗集《春水》中的句子,妇孺皆知。诗人借墙角花的意象,婉讽了孤芳自赏之人,寄寓了做人要谦冲自牧,不可自命清高的道理。也可以说蕴含了眼光与境界的辩证法:眼光局促,人生的境界就会狭小;眼光阔远,人生的境界自然会浩大。

独自品读这句诗时,我作如是观;教学生理解,也作如是说;看看其他学者的诠释,更是所见略同。

可是一次和江苏《少年文艺》原主编章红女士聊天时,这种体悟彻底轰毁。

章红讲了她女儿秋秋的困惑:墙角的花,没有什么阳光的光顾,又缺少雨露的滋润,土壤还贫瘠得要命,更没有多少人去欣赏,她不自赏又能怎样呢?难道要她自轻自贱吗?

我一下子被这个未见面的小丫头的独特体验吸引了。没有被大作家的哲理吸附着走,反而从貌似固若金汤的大一统意象中突围出来,创造出一种完全异质的意蕴,这需要怎样的换位思考的自觉,纤敏的思维触角,还有长时间的审美情感的积淀?

当然,我完全可以恢复师者的冷静,貌似友善地阐释:任何比喻都是有缺陷的,意象的经营也一样。我们应该从诗句的整体着眼,从作者的情脉出发,尽量不要打碎作者的思想内涵,改变作者的情感走向。甚至可以从中国文化重内敛、重涵容的高度去旁征博引,消弭丫头原先的想法——假如和她见面的话。

但是我不敢这样去做,也不屑这样去做。

那种生机勃勃的体验中,有一颗多么清纯、多么明媚的爱心啊!

二

《傅雷家书两则》中提到:对待感情的 ruin〔创伤,覆灭〕,要把它当作心灵的灰烬看，看的时候当然不免感触万端，但不要刻骨铭心地伤害自己。

对此，我是抠住“灰烬”一词，和学生从“冷处理”的视角去探讨、交流的。灰烬失去了灼伤人的力量，实际上是暗示我们：将伤害自己情感的事情，冷却、冷却，再冷却，不去用思念点燃它，自然就不会伤到自己了。生活中人们常说的“淡忘是最好的药物”，“我会把你当空气”，其实都是在讲冷处理的生活智慧，也可以说是“距离美”产生的神奇疗效——把伤害自己的事情当作别人的故事，去打量、分析，就像后文所说的怀着凭吊古战场的情怀一样。

这样的点睛如施魔法，学生完全被迷倒了。目光被你的身影，手势，甚至轻微变化的语调给黏住了，久久不愿离开，令人暗爽不已。

可是，一个叫游鸿儒的学生，犹犹豫豫地半伸了两下手臂，终于还是小心翼翼地站起了身，问：“老师，可不可以说‘轻处理’啊？”

我愣了一下，随即开心起来：“愿闻高见！”

鸿儒这样解释：灰烬还有一个特点——轻，稍微一吹，它就飘散了。把伤害自己的事情视为心灵的灰烬，也就是把它看轻，不要紧紧地抓住不放。因为抓得越紧，心就越痛；每抓一次，心灵的伤口就会被撕开一次。

他的发言激起了海啸般的掌声，我不由自主地跟着鼓起掌来，鼓得很忘情。好你个游鸿儒，名至实归啊！心里像喝了蜜一样甜，意义的溪水在潺潺地流淌，水源并非独我一家，我启发了他，他丰富了我，这才是真正的教学相长啊！

课堂因思想的丰富而精彩，但是这样的丰富需要耐心地等待、酝酿、生长……

三

备《邹忌讽齐王纳谏》一课时，对“形貌昳丽”一词，我有点好奇：说一个大男人光艳美丽，是不是有点离谱了？打扮到了光鲜、艳丽的程度，跟个伪娘、人妖似的，难道不怕被看猴似的围观？虽然古代四大美男中的宋玉和邹忌在时间上相距不远，但人家毕竟是普通的官员，你一个位高权重的相国，公共视野中的政坛领袖啊，岂能不注意形象！难道那时候的男人和女人穿衣服一样（在胡服骑射之前，都穿着开裆裤，外罩着很长的“深衣”），在化妆上也是一样的？

和同事们交流，要么他们也不懂，要么很不以为然——那意思我是清楚的，非常道的内容，与考点的边都沾不上，还煞有介事地追问，不是瞎折腾嘛！所以，这个疑问一直在我心里掖着，直到一次偶然的机会看到熊逸的《孟子趣说》一书，才涣然冰释。熊逸说《荀子》一书中确实提到过有些男人打扮得女里女气的，荀子很看不惯。但当时他也没说这些人是“人妖”，“人妖”一词是在别的地方说的，主要指“政险民失”“率兽食人”这样的人祸。

于是慨叹，我们自以为很老古董的社会，原来比现代社会还前卫。如此的浓妆艳抹，招摇过市，还能被大众所接受，那需要怎样宽容、大度的社会心理啊！

于是很开心，这种与考点无涉，别人觉着无聊，我却格外在意的小困惑，并非毫无价值。至少，它让我一下子穿越成功，感受了当时的时代气息，独立的性格，爱美的疯魔，开放的环境……

但是新的疑问又诞生了：古代男女在化妆方面分道扬镳，到底始于何时呢？

四

在《那些让人灵魂鲜艳明媚的书》一文中，我饶有兴致地提到了易中天、鲍鹏山对《论语》中“自行束脩以上，吾未尝无诲焉”的个性化阐释。

易中天认为束脩是见面礼，不是学费。并引用他先师吴林伯先生的观点：束脩一语双关，还表示愿意接受约束和修理。也就是，条件是有一点的，那就是要表示拜师的诚意。

鲍鹏山则认定是“学费”，并不无幽默地说：“孔子的学费并不是统一标准，束脩大概是最低标准，以照顾贫寒的学生。至于贵族子弟，以及像子贡这样的富有之人，大概就不是收学费了，他收的大概是赞助费。”

感觉两人好像辩手，在我面前据理力争，听得我很过瘾，却一时难分轩轾。

及至三年后读到《傅佩荣译解论语》，才知道两位重量级辩手的大错特错。“自行束脩以上”是指十五岁以上的人，“行束脩”是古代男子十五岁入大学所行的礼，这在《后汉书·延笃传》中有明确的说明。

原来，知名学者撰文时也会跌打损伤啊！可是，他们自觉把自己的生活与古人对接、打通的努力，却是那么让人觉着可敬、可爱！

三年解一惑，说不出的心旷神怡！易、鲍二人如果读到这个内容，也一定有醍醐灌顶的喜悦吧！

五

到了北京，一进我家，第一句话说的就是要见一老一少。看到老师稀疏的头发，看到他挤在我书房（兼卧室）的小角落里说着这句话，我马上转过身去偷偷抹掉眼泪。妻子见我伤情，就连说郑老师精神很好……

这是刘再复先生《璞玉》一文中的句子（见《教育论语》一书，福建教育出版社

2012 年版）。文中的郑老师指厦门大学的郑朝宗教授。古稀之年，他借 1988 年文代会的机会去看望自己的朋友钱钟书（一老），还有自己的弟子刘再复先生（一少）。

读到这个细节时，我正在人声嘈杂的办公室，眼泪却一下子被引了出来。我连忙用右手掌遮住自己的眉眼，任由泪水肆意地奔流。

这哪里是师生，简直就是一对情深意笃的父子啊。可是，这样的感触又很难尽意、尽情，在神圣的情感面前，我的任何内心语言都显得那样的苍白。情不自禁地，我想到了婉拒很多知名杂志的约稿，却心甘情愿地在台灯下为我默默撰写书稿序言的巢宗祺老师；平时极不愿意求人，在得悉我考博成绩优秀后，却主动为我极力说好话的方智范老师、潘新和老师；还有 20 年前，敢于抗衡某些官僚，执意为一个与他毫不沾亲带故的我争得县优秀教师荣誉，后来却一直屈居乡间，被孤立，被冷落，如今已长眠地下的袁可谓校长……

是他们让我明白：在这个世界上，的确有不计得失，不计辛苦，不计牺牲的真情、真爱在！这种情、爱，文人相轻的劣根无法污染，功利主义的病毒无法侵袭，血缘、地缘、学缘的狭隘更是无法丈量，这是真正崇高的师者之情，学人之爱！不是亲情，胜似亲情！

为了无愧于他们的信任和肯定，就是到临死前的那一刻，我想我都不会停止奋斗的。工作的繁重、生活的不公、人生的打击，一切的一切都休想使我屈服！我要勤勤恳恳，努力成为像他们一样品德高尚，而又具有真才实学的人！

写作是阅读的目的

潘新和

不能内化为人的生命的营养和素养，不能最终外化为言语表现（说、写）和创造的阅读，是无效阅读，是浪费生命。为说、写的阅读可以称为表现论阅读，表现论阅读，拒绝为读而读，要将以往“阅读本位”的观念——“阅读是写作的基础”颠倒过来，代之以“写作本位”的观念——“写作是阅读的目的”。

为表现、为写作而阅读，不是意味着急功近利，不等于说阅读会马上直接在写作中发挥作用，而是强调一种有别于传统的“为读而读”的观念，给予阅读更高的要求，使阅读变得更具创造性、生命性和生长性，使阅读真正成为人的血肉，和人的言语生命的发展融为一体。

韩愈可谓“表现论阅读”实践的鼻祖。他曾经在《答李翊书》中对自己二十多年的学习生涯进行总结，描述了主体发展的四个阶段：“始者非三代两汉之书不敢观，非圣人之志不敢存，处若忘，行若遗，俨乎其若思，茫乎其若迷。当其取于心而注于手也，惟陈言之务去，戛戛乎其难哉。其观于人，不知其非笑之为非笑也。如是者亦有年，犹不改，然后识古书之正伪，与虽正而不至焉者，昭昭然白黑分矣，而务去之，乃徐有得也。当其取于心而注于手也，汩汩然来矣。其观于人也，笑之则以为喜，誉之则以为忧，以其犹有人之说者存也。如是者亦有年，然后浩乎其沛然矣。吾又惧其杂也，迎而距之，平心而察之，其皆醇也，然后肆焉。”这里所描述的四个阶段的发展难、畅、沛、肆，都是以思想修养和独立思考能力的提高为依据的，逐步跃升到“肆”的极境，即随心所欲而又不违于道。这四个阶段都是由读入写，读自然而然地提高了人的修养，并指向了写。阅读直接与写作主体性的养成、写作能力的发展息息相关，这对我们是很有启示意义的：只有与人的修养和言语表现联系在一起的阅读，才是有效的、高效的阅读。

立足于“表现”，学习的目标是成为“立言者”——著书立说者、作者。这要不受外部的各种诱惑，需要长期的修炼和修养，最重要的是良好人格的养成。读书的目的，是在漫长、专注、执着的阅读过程中逐渐实现的，阅读的“表现性”体现在人的性情改善上，表现在写作境界的水涨船高的提升上：先是去陈言，再是识正伪，三是立主见，最后是察醇杂，经历了难、畅、沛、肆四个由低到高的写作境界。

阅读在言语表现中的作用未必都“看”得见，它的作用可能是隐性的，是通过对主体的浸淫、熏陶，内化为一种文化、人格素养，潜在地、决定性地影响着写作活动的质量，改善言语生命的存在状态。

对于写作能力的提高，阅读甚至比写作训练更重要。写作学家威廉·韦斯特说：“多年以前，麻省林肯赛特伯雷地区高级中学的学生分成两组。一组每星期都写一篇作文，另一组只是阅读和讨论写作的各种不同形式，仅在考试时才写作文。实验结果表明，学生可以通过阅读来学习写作，其效果与通过写作练习大体相同。”美国作文教学论著《作文：研究，理论与应用》的作者思迪芬·德·克拉森教授认为：增加作文训练的次数只对初中一、二年级的学生作文能力的发展有益，但对发展高年级学生作文熟练程度帮助不大；学生自发的课外兴趣阅读有助于作文能力的发展，增加课外阅读比增加经常性写作训练对帮助发展学生作文能力更有效。胡适先生也不赞成课内多写，他说：“作文的时间不可多，至多两周一次。”——可以断言，在文字基本过关之后，多读少写要比少读多写的学生写作上的进步要快一些。当然，如果能多读多悟加上多写，是最理想的学习方式。为写而读、为写择读是科学高效的学习方法。

一种啃读方式

干国祥

大多数话其实已经讲过,但只要应该听的人没有听到,应该懂的人没有懂得,就有必要继续重复。

谁是应该听到的呢？谁是应该懂的呢？

这是一个秘密花园,走进来的人,就应该看看它的草木、根系,以及这究竟是一个怎样的“生态系统”。

这原是为网师写的一篇文章,介绍我的“啃读法”,其实与其说是方法,不如说是原则。

正文,本文写于2010年2月28日。

小时候吃杏脯,最喜欢咬开最后的那个硬核,吃到里面的杏仁。我想大多数人是没尝试过咬开这硬壳的,而且里面的仁有时候确实很苦。不过大多数杏仁是一种清苦与清香,这是外面的甜滋滋的果肉所不能比拟的。

小时候偶尔和弟弟两个在秋天各吃一只小小的“全鸡”,结果总是交换:我把大部分鸡脯肉,换成他所有与骨头相连的肉。因为我觉得和白肉相比,那骨里面的髓,似乎更多一番滋味。

小时候读书,一方面好读书不求甚解,遇到不认识的字,只要不妨碍我理解故事的发展,人物的抉择与命运,就不经意间跳了过去——真是得意忘言。另一方面对那些决定人物命运的紧要章节,以及体现人物英雄性格的章节,却总是一读再读。那些不认识的字,纵然最后仍然没有能够准确地读出它的音节,但是我知道它是什么意思,我深信它一定会是什么意思。

然后稍大一些读不是故事类的作品,习惯于拿一支笔,在书中把那些精妙的语句划下来,把要点与关键词圈点出来,把自己的想法和问题写在书的空白处。一本书往往要读几遍,每一遍用不同颜色的笔批画,几次下来书上就花得不成样子。而批注的文字也越来越多,有时甚至要用胶水添上附页。

这一个时期在20至30岁之间,没有师长,也没有网络可以咨询,甚至没有当代名家的解读，就这样啃下了一些经典的本文，如四书五经中的一部分，如一些存在主义哲学和精神分析的作品。

那时候并不觉得读这些和教育有关，完全是出于生命需要而寻找着，阅读着。而那时的教育是非生命的，教育与生命体验几乎没有关系，教育只是按照标准程序进行操作（上课，标准答案，记忆，反复练习，出卷，考试，评比）。

当意识到教育就是生命之事，而且只有教师更多更宽广地认识到生命为何时，教育才能走得更远，在这个时候，才发现前面的啃读是此生最宝贵的财富之一，而若说要有遗憾，就是那时毕竟读得太少，读得太浅。

在那样的啃读生涯中，在真正认识到啃读所带来的财富后，对阅读或这种啃读有一些切身的体会。今天愿意再絮叨一次，和大家分享。

本　文

学习，是人应对环境时发展出来的一种高级行为模式。人在应对环境时，总有一个聚焦的中心，即一个明确的问题。在学习中，这个中心可能是理解一本书，也可能是探索性地了解一种动物以及它所赖以生存的环境。对网师的课程而言，它的中心往往是一本书及其所蕴含的一种特定的思想、理论、方法、视角。

本学期我们学习的公共课程有《给教师的建议》《非理性的人》《论语》《静悄悄的革命》等，这些课程都是以一本书为起点的。我们可以把这本书视为“本文”，而其他的一切，都是从这个本文派生出来的解释、批判、延伸。

如果不经历对本文的细读，那么一切学习都将是极其肤浅的人云亦云。譬如说孔子是圣人，或者迂师之始作俑者，若没有细读过《论语》以及可信度已经下降的《史记》中的孔子传略，那么这些评价其实往往只是抄袭了某个偶然读到的观点，而且因为自己没有经历本文阅读，对这种那种观点往往无法作出真正的决断，而只能依据个人的喜好而选取那些投自己所好的证据。

于是有人认为苏霍姆林斯基就是强调教育的核心是对孩子的爱，因为他读到有人这样说。这种观点在本文之外无限地复制着……

于是有人认为存在主义就是号召我们与理性对抗，而听从生命中那不可名状的激情之召唤。这种观点在任何一本存在主义著作之外流传着……

于是有人认为未来理想的教室就是撕碎一切本本，让孩子在“旷野”上重新经历与领悟人类所经历过的一切。这种观点在远离任何一本教育名著或任何一种真正的教育实践之外传播着……

本文，是经典学习时那无可替代的中心。一切真正的理解，一切讨论的起点，一切批判的依据，首先是那真诚的本文阅读。

对本文的学习，宜采取一种虚心、聆听、同情的、理解的态度。

值得人类或某个社会组织确定其为经典的本文，往往是一神秘的大全。其观点纵然表面看来已经过时，已经不合时宜，但是令人惊奇的是时过境迁，这种原先不合时宜的观点往往比那些时髦的观点更有生命力，更经得起时间的检验。所以，往往是在流行观点成为可笑陈迹的时候，那些原本以为迂腐的观点会再度被人们发现其中潜藏的奥秘，发现原先人们对它的评价源自一种阅读者自身肤浅所致的误读。

我并不是说经典的本文中所说是一定正确的，这绝不可能。我是说，经典所讨论的问题领域往往是恒新的，而经典往往对这些问题有着更为本质的思考，纵然这种观点并不正确，但是其思考之深入程度，往往已经代表了人类在此问题上所能达到的极罕见的境界。譬如我并不认同佛禅的空寂，而认同儒家的生生不息。但我认为，佛禅所探讨的空寂，实在是人类思考本体所能够达到的最深邃的境界。

细读本文，就意味着跟随本文进入那些永恒的问题领域，进入那个人类罕至的思想的境界。在这里，简单地判断为错与对都是极为肤浅的，因为评判者缺少一个更可信与更可靠的标准可以来衡量他所探讨的问题。这时候，聆听就显得尤其重要。聆听它，就是进入一个极高的山冈，感受那种清冷的空气。不要忙着下结论，你先让自己到达那华山之巅，观看东邪西毒之间的较量。如果你的力量强大到可以一试，那么你就不妨或讨教或切磋或比拼一番。

批　注

使用批注的方法进行学习，对我而言是自然而然的事。当我读一本书不得不一再停下来，把要点和结构梳理出来，提醒自己在第二次阅读中聚焦这次阅读所面对的困惑，以及有时候对这个话题自己也确实有话想说……这样，画画、批批、注注就成了最自然不过的事。只是到了很久之后，才被告知这种阅读法是许多读书人共同采用的。我想就像原始人类在不同的地方都学会了使用石头、树木作为工具一样，这原是我们解决阅读中的困难时能够想到的最自然的办法。

批注，就是像原始人用一些简单的工具、一种简单的方法来猎取草原上奔跑的猎物；批注，就是像矿工用精细的工具在地层深处挖掘出矿石，敲碎那岩石的表面，让那深藏的昂贵金属呈现在自己眼前；批注，就是我注六经，把自己的杯子倒空，细细地聆听本文的言说；批注，就是六经注我，把自己的声音，交织到文本之中，与作者对话，甚至辩论，像一场文明人的决斗。

批注是一种极为自由的阅读方式，但是它让阅读的速度慢下来，变走马观花（一日看尽长安花）为一种咀嚼的方式，一种含英咀华的方式。

所以批注就是学会在本文中让自己的灵魂自由呼吸，这里没有任何死的教条，没有标准答案，没有固定的先在问题。它只有一个确定的方向：聆听本文，听清楚本文所发出的声音，并把自己的想法编织进去，从而形成一种介于自己和本文之间的“共识”，它就是你从本文中获取的意义。

批注本身也需要在反复批注中习得，没有人一生下来就会学会高质量的批注，尤其是批注方法本身没有任何先入的框架的时候。你可以用单线、双线、波浪线、三角形、圆圈，或者种种简洁的符号，来创立一个自己的批注符号系统。譬如我经常用三角形表示观点有分歧处，用填色的圆圈表示主要观点或阐释的精妙处。

用吻醒来比喻，是想表达这种阅读中人与文本的润泽关系；用撕杀来比喻，是想表达人克服困难以求得真义的艰难过程；用提取矿石来比喻，是想说阅读总是一个去芜存精的过程，不可能不经历那矿石阶段而获得最后的结论（从别人那里抄袭结论不能称之为阅读，它失去的不是矿石而是金子本身）。

诵读是一种对已经熟习且信奉的经典的涵咏方式，而批注则是一种更开放、更自由、更本真的阅读方式。它怀着一种信任的怀疑或怀疑的信任，开始一种聆听，一种对话，一次探索。

参　读

面对经典，我们往往会感觉到自己思力的短缺——如果思想是一把把尺子的话，我们在阅读时总是试图用自己这把较短的尺子，去丈量那一把更长的尺子。再加上历史的尘垢，不同社会的不同背景，使得我们在理解本文时产生种种误解。对这种误解最好的比喻就是“盲人摸象”。阅读者就像是那些盲人一样，只能摸到自己所能够摸到的。

所以，如果没有好的参读，我们或者陷在自己的偏见之中，或者受困于自己的条件，而最终只能登其堂而不得入其室。

参读，前面的“参”有时可以理解为“叁”。只有一种视角，往往意味着没得选择，也就谈不上参读。只有多种观点放在一起，才能够创造一个碰撞智慧火花的场境。

冯友兰的《中国哲学简史》，采取的是一种科学实在论的观点，以及因为想与西方的话语接轨，所以往往对那些西方有相似话语的哲学流派讲得特别多，而对西方人没有此种基础的道禅，讲得很少，且从科学实在论的角度，也难以讲明这些思想的精髓。所以，冯先生的中国哲学简史，必然是一个窗口所看到的中国哲学简史。而反之，如果我们读牟宗三的中国哲学论著，就会发现另一种以心学、唯心论为基础的哲学史观，一种根本无视名家的诡辩，而能够较透彻地让玄学、佛禅、理学、心学的主要观点得以澄明的解读。当然，你会发现这种观点同样会把另外一部分遮蔽起来。而且，因为作者的意图旨在对抗整个中国文化的基督教化，所以就在中国思想的超越部分讲得特别多，甚至会承认这部分才是中国传统哲学之精华。

冯和牟，谁对谁错谁是谁非谁高谁下？不同的人会得出完全不同的结论，而对我而言，他们这个人澄明了这部分，那个人澄明了另外一部分，如果不是把他们以及更多的观点放在一起，我将一无所见，而只能茫然地接受其中的某一种观点。

参读，就是在自己的阅读中制造一个“百家争鸣”的场境，让那些最精妙的观点从中涌现出来。

参读，不是让自己成为某家观点的牺牲品，而是让自己成为明辨者。

印　证

子路惧多闻，因为听到容易做到太难，所以他怕听得太多，因为听到了真理而做不到，这是一件可怕的事，这意味着他可能不得不成为一个虚伪者与羸弱者。

我们不止一次地重申，我们的学习朝向我们的存在意义，如果不是与我们生命的根本处相关联，那么学习就显得可疑。纵然是没有道德意义或存在意义的技能掌握，也最终与我们的生存整体有密切关联。

所以学习的最高境界，就是用生命去印证——并不是说书上怎么说你就怎么去做，更不是说要你像《论语》中那些早已经时过境迁而成为陈迹的礼仪去生存在今天的世界，而是说，对那些我们最终认可的真理，我们不得不把它们在自己的存在中努力活出来，否则就不能说我们学到了它们。

《给教师的建议》第一条，就强调了孩子尊严的问题，把它视为教育的绝对根基。当我们津津有味地阅读，并深为赞同的时候，必然认真地问问自己：我已经做到了吗？我准备做到吗？我哪些是违反了，哪些是努力在朝向这个目的的？我明天该如何去重新燃起那些已经黯淡的孩子的生命之火？只有这样想且真诚地这样去做，我们才可以说我们真是在学习这本书而且认同这本书。

《静悄悄的革命》中核心概念是“润泽的教室”和“对话的课堂”，我们会发现自己的能力可能还不能实现那种即时的灵活的课堂应对，但是，我们在阅读中和阅读之后，会尝试着走出一步，而不是简单地把抱怨抛给教育体制问题么？

至于《论语》与《非理性的人》，因为是哲学，所以这样的与我们的存在息息相关的概念就多得数不胜数。我们不可能也没必要去照搬照抄，但是，对那些我们认为最有价值的，能够让我们的生命抵达一个更高境界的，我们能够信守并且开始去践行么？

阅读最终须用生命来印证,这是阅读的至高境界。而在我们用生命体认曾经在历史上实现过的真理时,即将涌现出的永远不会是哪书本上的词汇,而是一种全新的语言,它就是我们的生命之花在当下的绽放。

后　记

如果说拙编《汉语的魅力——趣文阅读》是为了点燃埋藏在人们心中的阅读火把,尽可能多的培养一些读者,那么这本《名家谈读书》,就是在读者有了一定的阅读兴趣后,再走一步,尽可能多的培养一些智者,解决一般读者普遍存在的这样几个阅读困惑:我们究竟应该怎么绘制自己的阅读地图?如何尽快觅得契合自己的阅读方法?我们为什么需要啃读?阅读力如何才能转化为学习力?……如是问题,古今中外,无数大家,见仁见智,叹为观止。作为一个资深语文教师,出于语文教育的良知,本着奇文共赏的旨趣,凡是谈论阅读的文字,我都格外青睐,也刻意搜罗。花开花谢,年复一年,积少成多,遂成此编。

本书所选文章,标准有三:经典性、实用性和趣味性。古今中外,名人大家,畅言阅读文章,俯拾即是,本书可谓弱水三千,只取一瓢饮,是谓经典性;阅读有用,尽人皆知,但为什么会出现这样的情况:阅读,特别是阅读纸质书,当下依然是需要我们反复申述甚至大力推动的一项活动。本书的一些文章均涉及对这个问题的回答并对如何有效阅读作出了高手们既有个性又有共性的总结,凡此种种真知灼见,令每一个读者终身受益,是谓实用性;阅读是一件有意义的事情,也是一件有意思的事情,许多博览群书的人,不仅智慧过人,而且语言幽默,留下了许多妙趣横生的文字,是谓趣味性。

本书编写过程中,一方面参阅了大量相关书籍,撷择了部分名家美文,另一方面向大学知名教授、著名作家以及中小学一线名师约稿,得到了他们的积极响应并惠赐佳作。这里特别鸣谢的有孙绍振、潘新和、朱永新、李镇西、曹勇军、连中国、张丽均、汲安庆、肖培东、干国祥、魏智渊、郝晓东等。

书中文章除约稿外,都标明了参考的版本。为了保留文章原貌,本次编录只对所选版本存在的明显错漏做了修订,其他一仍其旧。由于种种原因,本书个别文章的作者,我们无法及时取得联系,但美文又不忍割爱,故冒昧选用,特此致歉,恳请谅宥。同时也请作者及时与我们联系(联系方式:1206433526@ qq.com),谢谢!

编　者

2023 年 7 月 1 日